L'Égypte au temps
de la révolution

© **L'Harmattan, 2013**
5-7, rue de l'École-Polytechnique ; 75005 Paris

http://www.librairieharmattan.com
diffusion.harmattan@wanadoo.fr
harmattan1@wanadoo.fr

ISBN : 978-2-343-00506-5
EAN : 9782343005065

Jean-Pierre Faugère

L'Égypte au temps de la révolution

Pharaons, barbus et généraux

L'Harmattan

DU MÊME AUTEUR

L'État et le marché, B. Bellon, G. Caire, L. Cartelier, J. P. Faugère, C. Voisin (éditeurs), Economica, mars 1994.

Convergences et diversité à l'heure de la mondialisation, édité par J. P. Faugère, B. Bellon, G. Caire, B. Chavance, C. Voisin (éditeurs), Economica, avril 1997.

Le système financier français : crises et mutations J. P. Faugère, C. Voisin, Circa Nathan, 1997.

Le système financier et monétaire international : crises et mutations, J. P. Faugère, C. Voisin, Circa Nathan, 5° édition, 2000.

Philosophie, travail, système(s,), J. P. Faugère et A. Kartchevsky (éditeurs), L'Harmattan 2001.

Europe : Enjeux juridiques, économiques et de gestion, J. P. Faugère et F. Julien-Laferrière éditeurs, L'Harmattan, 2001.

Politiques publiques européennes, J. P. Faugère, S. Ferrand-Nagel, M.-A. Barthe, F. Rochelandet, F. Legros (éditeurs), Economica, 2002.

Economie européenne, Dalloz,- Fondation nationale des Sciences politiques, Amphithéatre, 2° édition, 2003.

Dictionnaire économique et social (Echaudemaison et alii), Nathan 8° édition, 2009.

Remerciements

Ce livre est nourri d'échanges multiples et variés. Un hommage doit être rendu aux Égyptiens dont le nom n'y est pas mentionné et qui ont le plus inspiré la matière de ce livre, certains devenant, à leur insu, des personnages du récit : Ali Hefnaoui, Asmaa Al Sharif, Bassima Samy, Chahinaz Mahmoud, Dima El Husseini, Dina Saba, Doaa Soliman, Iman Noël, Mahmoud Mohamed Sabry, Mohamed Ghoniem, Mohsen Ayad, Mona Amer, Mona Zakaria, Myriam Raymond, Nesrine Essawi, Ola Hussein, Osman Lotfy, Rania El Sebaee, Rosine Dib, Sahar Moharram, Sara Zein, Soad Kamel, Yasmine Barsoum, Yasmine Raffat, Yasmine Saleh. Une pensée toute particulière pour deux personnages de premier plan, Ibrahim le chauffeur fougueux et activiste et Réda, la *housekeeper* analphabète et philosophe. J'ai aussi une dette à l'égard de l'Ambassade de France et du Centre culturel, de collègues français de l'université - Fabien Flori, Nicolas Antheaume, Mohamed Jaoua -, de mes amis journalistes à El Arham Hebdo - Hicham Mourad et Hoda Ghali -, au Père Pérennès et aux dominicains de l'Institut Dominicain d'Etudes Orientales.

Ces chroniques, envoyées à des correspondants, ont reçu en écho, soutiens et commentaires ; merci pour tous ces concours. Le texte brut, écrit au jour le jour, avait besoin de regards extérieurs pour le corriger et l'alléger. Toute ma reconnaissance va à Thibault Chéret et Nathalie Goedert qui ont apporté un soin méticuleux et très amical à la tâche très ingrate de relecture.

La photo de couverture, de Sabry, l'homme qui s'appelle « Ma patience », marchand de souvenirs à Maadi, a été offerte par la photographe madrilène Veronica Velasco-Barthel (*www.veronicavelascobarthel.blogspot.com*).

Impressions d'Égypte aux temps de la Révolution

A partir de septembre 2008, un journal[1], non journalier, sur l'Égypte et les Égyptiens. Un regard qui évolue et qui se déplace. Empathie et distance.

Regard intime
Empathie. Un regard naturel, un contact intime, presque charnel, avec l'Égypte, et surtout, avec le Caire. Coincé dans une voiture près du sol et peu rassurante, stressé par la circulation et incapable de me concentrer sur autre chose que la route, je passe beaucoup de mes longs trajets à regarder vivre cette mégalopole.

Le Caire se donne en spectacle, un spectacle toujours renouvelé, toujours surprenant. Le Caire est une ville impudique. Certes, dans la rue, les jambes des femmes sont cachées et leurs formes sont, au plus, suggérées. Mais la ville, elle, montre ses dessous. Elle se dévoile. Elle s'exhibe. Elle étale sa misère. Elle expose sa crasse. Elle découvre ses entrailles. Elle met à nu ses maladies, ses infirmités. Elle exhibe ses immondices. Elle arbore sa religion. Elle montre ses morts. Elle ne cache pas la maltraitance.

De plus, j'ai la chance de travailler, non dans une bulle française ou occidentale, mais dans un milieu égyptien, un milieu varié, ouvert à l'étranger. Autour de moi, des francophones, des francophiles, chaleureux, qui aiment parler, qui aiment échanger, rire avec moi. Certains, certaines, me

---

[1] Le texte initial a été allégé et le style quelquefois revu. Le contenu et le déroulement ont été respectés, montrant à la fois, avec le recul, la pertinence de certaines intuitions et des erreurs de jugement.

confient des secrets. Lorsque je m'étonnai sur ce rôle de réceptacle de confidences, je découvris que l'on me parlait parce que l'on savait que je ne jugerai pas. Parler à l'étranger, un moyen de lever une chape.

Regard en miroir

Avec le temps, émergent les contresens et les confusions sur ce qui était apparu plus tôt comme des vérités et je réalise progressivement combien notre vision est prisonnière de préjugés, de stéréotypes, de généralisations et d'ignorance. Plus le temps passe, plus la réalité égyptienne se banalise, la perception s'affine.

L'attention se déplace aussi des Égyptiens aux expatriés, de l'Égypte à la France. Le regard se réfléchit dans un jeu de miroirs. Des miroirs dans lesquels on se voit et on voit de façon nouvelle la France, une France étrangère, différente de ce que l'on ressentait.

Quel regard ? « *Rien ne va de soi. Rien n'est donné. Tout est construit*» (Bachelard). Je m'affranchis un peu du regard du voyageur, curieux de tout, réceptif à toute forme d'exotisme, mais qui, prompt au jugement ou à la théorisation, n'a pas eu le temps de se dépouiller de ses multiples prismes. Je reste imprégné de la vision de l'expatrié[1], du coopérant, de l'occidental, lui aussi pétri de préjugés, qui voit l'Égypte avec les lunettes de ce qu'il croit être son cartésianisme, sa modernité, sa« rationalité », son sens de l'efficacité, de la laïcité. Mon regard est celui d'un Français imprégné d'une idéologie humaniste égalitaire, d'un citoyen issu d'une société à la laïcité radicale, radicale et

---

[1] Le mot « expatrié » est riche de sens. Il ne définit la personne que par rapport à sa patrie d'origine. A l'inverse de « émigré », qui a pour symétrique « immigré », expatrié n'a pas de symétrique, qui marquerait sa place dans le pays d'accueil. En quelque sorte, il a quitté sa patrie, il n'est jamais arrivé.

radicale-socialiste, d'autant qu'elle est fortement athéisée et s'accompagne d'une islamophobie sous-jacente.

Ma vision n'est pas celle de l'érudit, initié à l'Égypte antique ou féru du monde islamique. Pas même, j'ai honte à le dire, le regard de celui qui connaît assez d'arabe pour échanger ou lire. De façon plus prosaïque, mon regard est, aussi tributaire de simples considérations matérielles. Aurais-je eu la même perception, souvent dramatique, d'une Égypte anarchique, si je n'avais pas fait 100 kms par jour, assis à l'avant d'une voiture basse, au ras du bitume, sur une route meurtrière, si j'avais dominé la chaussée du haut d'un 4 x 4 ou si j'avais travaillé au centre-ville ?

Je suis nourri d'échanges intenses. Avec les enseignants de l'université, avec l'intelligentsia qui gravite autour du centre culturel, mais aussi les Égyptiens du « petit village » dans lequel nous habitons, et aussi, Ibrahim, le chauffeur-activiste, Réda la *housekeeper,* analphabète mais subtile et avide de communication. Des grilles de lecture, de spécialistes divers, du journal *Le Monde*, qui, avec la distance, paraît bien construit, de *France 24,* dont les analyses sont gâchées par la recherche d'images sensationnelles, *El Ahram Hebdo* en français et la revue de presse de l'Ambassade.

A l'épreuve de l'humanité

Ce séjour est une immersion au cœur de l'humanité : au-delà de nos humanités différentes, notre appartenance à notre humanité commune ; mais aussi une plongée dans un monde souvent inhumain, déshumanisé.

Humanité bafouée. Humanité blessée par ces mendiants cassés, ces enfants sales qui ploient sous le fardeau. Humanité avilie de ces femmes et de ces enfants incrustés sur le bord de canaux immondes de Sakkarah. Humanité humiliée de ces gens qui attendent pour obtenir un pain de mauvaise qualité mais subventionné. Déshumanité de ces images de femmes, totalement voilées, dont le regard, seul visible, semble le reflet d'une absence. Inhumanité de cette disparition du collectif, du respect de l'autre. Humanité meurtrie par la violence meurtrière de la route, par l'indifférence des passants. Humanité humiliée de ces coups qui naissent de petites querelles de route. Une violence qui déshumanise. Inhumanité de tests de virginité des manifestantes. Inhumanité des viols interminables sur la place Tahrir.

Mais aussi des humanités différentes. Cette plongée dans un pays de musulmans et plus largement de croyants, - les chrétiens partageant pour une grande part une même culture -, met la religion sous toutes ses formes au cœur de la vie sociale. La religion, chez nous, absente ou cantonnée au domaine privé, est ici très présente, pas seulement dans ses formes sociales ostentatoires. Les omniprésents « *Inch Allah* » (si Dieu le veut) et « *El Hamdulillah* » (Grâce à Dieu) partagés par les Égyptiens des deux confessions ne sont pas seulement des formules fatalistes, mais aussi l'expression d'une présence de Dieu dans la vie des hommes. Malgré soi, loin de nos sociétés athéisées, on se sent confronté aux questions sur les croyances.

L'étranger découvre la générosité des hommages mutuels des chrétiens et des musulmans : au « *Ramadan Karim* » (généreux Ramadan) des uns, répond le « *Joyeux Noël* » des autres. J'étais choqué au début de la manière appuyée des musulmans à me souhaiter Noël ou Pâques ; j'y voyais surtout l'étiquette que l'on voulait me coller, une intrusion dans ma sphère intime. En fait, les musulmans affirmaient ici une sorte de « pacte confessionnel » implicite selon lequel chacun reconnaît les fêtes de l'autre ; les salafistes en font la démonstration *a contrario*, en remettant en cause cette coutume de saluer les fêtes des chrétiens. En France, la religion est du domaine privé et la laïcité consiste à ignorer les croyances de l'autre, ici la religion est socialisée et la laïcité impose de reconnaître la religion de l'autre.

La diversité des voiles et, au delà, des croyances, fait éclater les stéréotypes. Des femmes voilées affirment haut et fort, et je ne pense pas que ce soit pour me faire plaisir, leur crainte de l'arrivée au pouvoir des Frères musulmans ; j'apprends, au bout de 4 ans, que 30% de nos étudiants sont chrétiens et je ne vois pas de différence, entre eux, hors les croix, les voiles et certains prénoms, et constate que les jeunes des deux confessions se mélangent.

Mon regard sur cette société islamisée vient en boomerang revoir notre histoire laïque. L'Islam ne m'est toujours pas familier mais beaucoup de musulmans me sont proches. Honteux, je me découvre une islamophobie latente, héritage d'une période coloniale violente. Je repense à ma communion solennelle, dans une République qui se veut laïque, dans la chapelle au cœur du « Lycée Léon Gambetta » à Cahors, du nom du célèbre homme politique radical partisan de la séparation de l'Eglise et de l'État. Je pense aussi à Dupont (ou Dupond) qui, dans « *Tintin au pays de l'or noir* » dit « *Et hop* » en bottant lamentablement le train d'un musulman prosterné pour la prière.

Au-delà des humanités différentes, une humanité profonde, partagée. Poignées de mains. Accolades masculines qui me rebutaient mais dont j'ai fini par apprécier la force symbolique. Bises féminines et signes furtifs de tendresse réservés à l'étranger d'un âge mûr. Sourires et rires communs. Confidences intimes livrées à celui qui ne juge pas. Le « bonjour » du matin en français de la femme de ménage de l'université dans le sourire d'un visage déformé par l'absence de soins. Les éclats de rire partagés avec le marchand de souvenirs, friand de la littérature française du XIX°. Les joies et les inquiétudes du jeune barbier qui vient de se marier et dont la femme a fait une fausse couche. Le chauffeur de taxi qui, apprenant que je suis français, me met Adamo. « *Tombe la neige* » sur la corniche du Nil, étouffante de chaleur, c'est plutôt cocasse. Echanges avec ceux qui aiment, avec gourmandise, le français et la culture française. Humanité grandiose de cette révolution faite au nom de la liberté, de la dignité.

Le pharaon, le baouab et le barbu

L'Égypte peut être vue dans un premier temps autour de trois figures, celle du pharaon, celle du « *baouab* » et celle du barbu.

Le pharaon, qu'il soit Ramsès le grand, Akhenaton le monothéiste, Toutankhamon le bel adolescent réactionnaire, Hatshepsout la femme pharaonne qui porte, comme les autres, la barbe factice et symbolique, c'est l'Égypte ancienne, celle de Guizèh (Guiza), de Sakkarah, de Louxor, d'Assouan et Abu Simbel, L'Égypte du musée, qui imprègne nos livres de classe et nous fait rêver. L'Égypte profonde, stylisée, élégante, fondatrice. L'Égypte passion française, selon l'expression de Robert Solé. L'Égypte des savants de Bonaparte, de la Description de l'Égypte, de Théophile Gautier, de Flaubert, des égyptologues français, Champollion, le lotois, Auguste Mariette, Gaston Maspero, Jean-Philippe Lauer, l'homme de Sakkarah, Christiane Desroches-Noblecourt, artisane du sauvetage des vestiges d'Assouan, des archéologues que j'ai rencontrés, Jean-Yves Empereur (Alexandrie), Alain Zivie (Sakkarah), Christian Leblanc (Louxor).

L'Égypte de l'égyptomanie française.

La deuxième figure est le « *baouab* », le concierge, ou plutôt le portier, qui dans sa « *galabeya* » (robe ou tunique traditionnelle), monte la garde, souvent avachi, au pied des immeubles. Factotum, surveillant, c'est l'image familière de l'Égypte pauvre, de cette pauvreté visible et immédiate, pauvreté importée des zones rurales, du tiers-monde cairote. De la pauvreté mais aussi de la servilité et de la négligence égyptienne. C'est l'Égypte de Naguib Mahfouz, de l'aveugle Taha Hussein, d'Albert Cossery dont les titres des livres sont éloquents *Les hommes oubliés de Dieu* ou *Les fainéants dans la vallée fertile* ou encore *Mendiants et orgueilleux*.

Le barbu, c'est le symbole de l'Égypte religieuse, d'une religion omniprésente. Envahissante dans la cacophonie des appels à la prière et des sermons du vendredi, dans les échanges verbaux ponctués, même en français, par des « *Inch Allah* » (si Dieu le veut) et « *El Hamdulillah* » (Grâce à Dieu). Avec la barbe, d'autres symboles : pour les femmes, le voile, ou plutôt toute la gamme de voiles et, pour les hommes, la « *zbiba* », une marque de piété causée par le frottement du front contre le tapis de prière »[1]. Le plus souvent, l'étranger nouveau-venu ignore ce signe, cet hématome qui se décline, lui aussi, dans une gamme qui va de la légère tache beige et ronde jusqu'à la boursouflure violacée.

Égypte pharaonique, Égypte pauvre, Égypte religieuse. Chacune de ces images peut se dédoubler, se démultiplier.

Le pharaon ce n'est pas seulement le passé, c'est aussi l'actualité ; les Égyptiens évoquent en permanence toutes sortes de pharaons modernes et proches. Le pouvoir aujourd'hui, dans les administrations, dans les entreprises et les universités, repose sur de multiples pharaons qui commandent, qui sont craints, dont les décisions ne sont pas discutées. A l'université, le pharaon se reconnaît ce que tous se lèvent dès qu'il pénètre dans la pièce.

Le baouab, symétrique du pharaon, se démultiplie lui aussi. Semblant sortir d'un Lazarillo de Tormes, ou d'un autre roman picaresque espagnol qui serait mis à la sauce orientale, les baouabs espionnent, trahissent, se jalousent, se terrorisent, s'exploitent mutuellement. Plus largement,

---

[1] Cette marque qui peut être obtenue par d'autres moyens, révèle, de toute façon, la nature ostentatoirement pieuse de son porteur.

maître et serviteur, chacun ici porte en lui, dans cette société de castes, une part de pharaon et une part de baouab.

Le barbu se dédouble aussi et les barbus salafistes ont leurs doubles chrétiens, les popes arborant fièrement une grande barbe blanche. Les chrétiens sont aussi religieux et comportent presque autant de fanatiques que les musulmans.

Trois symboles. Le pharaon c'est la question politique de la répartition du pouvoir. Le baouab, c'est la question sociale et économique de la pauvreté et de la répartition des richesses. Le barbu c'est la question religieuse de la place de la religion dans la sphère publique.

Très naturellement, ces trois icônes sont au cœur de la révolution de 2011. Révolution nourrie sur le terreau de la pauvreté, d'autant plus insupportable qu'elle est le pendant d'une corruption qui gangrène la société ; le baouab c'est aussi ce peuple pauvre et inculte à qui la révolution a donné la parole et qui donne souvent sa voix aux islamistes. Révolution contre le pharaon Moubarak et contre le système Moubarak, contre toutes sortes de Moubarak. Révolution dans laquelle la place de la religion est une question centrale, que ce soit sous forme de pacte entre musulmans et chrétiens ou de crainte de prise du pouvoir par les islamistes.

Mais la révolution fait apparaitre d'autres figures, l'armée, jusqu'ici non seulement la grande muette mais aussi la très discrète, et les « révolutionnaires ». Le tryptique « Pharaons, Baouabs et Barbus » s'efface devant le tryptique plus politique « Révolutionnaires, Barbus et Généraux »

Ce texte s'étale sur quatre ans, de septembre 2008 à 2012. Deux périodes. Avant janvier 2011, avant la « révolution », le rythme est celui de la découverte progressive, au gré des rencontres, d'une Égypte immuable. Immuable, éternelle : ces hommes, hors du temps, qui, silencieux, absents, fument leur chicha en sirotant leur thé. Hors du temps aussi, ces spectacles de la vallée du Nil : femmes et enfants, aux vêtements usés sur des charrettes tirées par des ânes faméliques et battus. Immuable, mais en latence. Textes d'impressions.

Après janvier 2011, le texte est porté par l'histoire, par la révolution, et son rythme : ruptures, incertitudes, cycles

Je n'ai pas participé aux manifestations, je n'étais pas un acteur de la *Place de la Libération* (*Tahrir* = libération). Le risque personnel est non négligeable. Surtout, politiquement notre présence n'était pas souhaitable. De façon très classique, les ennemis de la révolution, adeptes de la théorie du complot, sont à l'affût de tout soutien étranger qui pourrait discréditer les contestataires ; et puis, quelle que soit notre sympathie, c'est leur révolution, celle des Égyptiens, c'est eux qui la portent, c'est eux qui en récolteront les fruits, doux ou amers. Mais je suis nourri par les analyses de la presse, les conférences, et, surtout, les échanges avec les Égyptiens qui m'entourent.

Le Caire, Aubié, Sceaux, septembre 2012

PREMIÈRE PARTIE

L'immersion

Pharaons, Baouabs et Barbus

Premières impressions (sept.-oct. 2008)

On vit au rythme du ramadan. La vie s'arrête une partie de l'après midi, mais elle reprend dans la soirée. Avec la chaleur, dès le début de l'après midi, les Cairotes sont cuits. La chaleur - je suis conditionné par l'air qui l'est -, la poussière, la circulation, le jour qui se lève et se couche tôt, les repères de la vie quotidienne sont brouillés. Dans le travail, il n'est pas si facile de s'habituer à la semaine du dimanche au jeudi et de se mettre au clavier QWERTY pour écrire en français ! Non seulement je lapsuse avec des « M » qui se transforment en « ; » et des « A » en « Q », mais chaque voyelle accompagnée d'un aigu, d'un grave, d'un circonflexe ou d'un tréma donne lieu à une gymnastique difficile où il faut frapper sur quatre touches.

L'appartement est superbe, des volumes impressionnants, une vue, rare en Égypte, sur la verdure. La décoration est surprenante ; la cuisine et une salle de bains sont noires, le mobilier est néo-ancien-égyptien. L'appartement rappelle un peu Versailles avec ses volumes, ses glaces, ses dorures, ses lustres et ses lumières. Il est bling-bling mais aussi un peu gling-gling ; les prises électriques sortent de leurs gonds et les portes des placards ne ferment pas toujours bien. Les réfrigérateurs ont une serrure et une clef. Serait-ce pour empêcher les femmes de ménage de se servir ? Non, nous dit-on, ce sont des « *children securities* » ! C'est rassurant ! Mais cela n'empêche pas les enfants d'être enrobés quand ils ne sont pas obèses ! Quelle hypocrisie ![1]

Ce jeudi 11 septembre, dernier jour de la semaine, le soleil baigne dans une brume laiteuse ou plutôt café-au-laiteuse. Le Caire respire la pauvreté. Les mendiants sont

---

[1] On a plus tard des exemples de stratégies édifiantes mises en œuvre pour empêcher les femmes de ménage de toucher à la nourriture des maîtres.

vieux, cassés, disloqués, absents ; ils n'ont pas de chiens ; ce ne sont pas des prolétaires dont Marx dit qu'ils « *n'ont rien à perdre que leurs chaînes* » ; sous-prolétaires, ils n'ont pas même pas de chaînes. Les enfants, les jeunes garçons surtout, dans leurs manteaux chauds et raides de crasse (*galabeya*), mendient, travaillent, mendient un petit travail. Ibrahim, mon chauffeur, impeccable dans ses costumes et avec ses lunettes noires, a deux frères, tous deux, au chômage, tentent de partir en Arabie Saoudite. Pourtant, dans cette misère, tout le monde valorise la richesse, non celle qui permet de manger à sa faim et d'avoir une vie digne, mais la richesse ostentatoire, le luxe qui distingue ; dans ce pays de pauvres, les riches ne se cachent pas, ils s'exhibent.

L'eau est rare et abondante à la fois. Il ne pleut jamais, ou presque. Souvent, les rues sont inondées. Les canalisations rendent l'âme. L'eau est rare, pourtant, beaucoup d'arrosages, et même des pelouses impeccables. Mais les pauvres n'ont pas toujours l'eau courante.

Km 34 route de Suez

Pour aller à l'Université, on traverse cinquante kilomètres de désert. Pas le désert des cartes postales, un désert de terre, de pierres, de plastiques, de falaises, de pylônes, de carrières où circulent, comme des fourmis, des camions ; un désert d'où émergent des villes nouvelles, entourées de verdures, ou bien un immense cimetière bordé d'un joli mur.

La route égyptienne est terrible. Le conducteur regarde devant. Une des applications du principe « *je regarde devant et jamais derrière* » est que, en cas de problème, on peut stationner sur la route, de préférence, mais pas nécessairement, sur la voie de droite. Comme le note Paul Fournel dans *Poil de Cairote*, la circulation est « *toute tournée vers l'avant* ». Moi, je vois un comportement des automobilistes guidé par une règle d'économie : utiliser de façon optimale la route, ne pas gaspiller l'espace. Quand il y a deux files, on peut rouler sur trois et, quand il y en a pour trois, il y en a pour quatre. Promiscuité des hommes, promiscuité des voitures. Et pourquoi limiter la circulation à la partie bitumée de la route et ne pas utiliser les bas-côtés ? De même, l'économie d'espace impose de réduire au minimum la distance entre les voitures, quelle que soit la vitesse à laquelle on roule. Pourquoi freiner à l'avance alors que le bouchon peut se résorber rapidement ? Pourquoi changer souvent ses pneus, alors que l'on peut rouler avec des pneus usés ? La route égyptienne est terrible.

Le président d'université, Osman, le « pharaon », - c'est très naturellement en Égypte que le chef est appelé le pharaon -, m'a appris les trois règles implicites du code de la route égyptien. *Primo*, comme la priorité à droite n'est pas respectée et que les marquages au sol sur les routes sont purement décoratifs, il faut regarder de tous les côtés et se faufiler. *Secundo*, celui qui est devant a toujours priorité ; celui qui est derrière doit s'adapter ; il a tort en cas de choc. *Tertio*, celui qui a le véhicule le plus résistant au choc a priorité.

Les Alexandrines au bain

Alexandrie. Plages de Mamoura. Déjà, il faut y aller, c'est à 15 kilomètres du centre-ville, ensuite on paye un péage pour entrer dans le quartier propre et coquet de Mamoura et cela finit par des entrées payantes sur la plage privée. Ce n'est pas pour le tout venant, pour le *vulgum pecus* alexandrin. Et l'on est gâté par le spectacle des femmes. Il y a, tout d'abord, celle qui se baigne nu, plus exactement nu tête, mais toute habillée, sa tunique et son pantalon lui collent lorsqu'elle sort de l'eau. L'une d'entre elles, manifestement, ignorait que sa combinaison était imperméable ; une fois dans l'eau, elle s'est retrouvée portée par une énorme bouée vestimentaire, pas vraiment poupée gonflable, véritable bibendum, plus maladroite qu'un cosmonaute. Le cran au-dessus, c'est la femme habillée et voilée. Le *nec plus ultra*, c'est la femme totalement voilée, une raie de son voile noir lui permet de voir, mais elle barbote au milieu d'une bouée d'enfant. Mais je n'ai pas eu le droit de voir les femmes de la « *private beach for ladys only* » à l'affiche très aguichante.

Lugubre (oct. 2008)
Ce 8 octobre, voyage en voiture plutôt lugubre. Déjà hier, j'avais l'impression que le Président-Pharaon marchait sur mes plates bandes et que le Conseiller me refilait des patates chaudes et, cette nuit, j'ai vraiment mal dormi. Ce matin, dans la voiture qui nous emmène à l'université, un jeune magistrat parfaitement francophone, sympathique, intéressant, n'a de cesse de critiquer son pays et son système juridique. « *Je suis critique sur l'Égypte parce que je l'aime* ». Déjà, deux accidents. C'est normal, mais aujourd'hui, en plus, avec une victime allongée sur la route encombrée, qui saigne abondamment de la tête, sans ambulance en vue. Le jeune magistrat dit qu'en Égypte, il y a une révolution tous les trente ans. Cette révolution est toujours précédée d'incendies, la dernière a eu lieu il y a trente ans ; en ce moment, il y a beaucoup d'incendies.

Mutiples facettes du ramadan
Ramadan pieux avec ces hommes - les femmes, elles, ont la dévotion plus discrète - qui lisent seuls le coran ou qui prient tous ensemble dans des espaces publics et ouverts.

Ramadan de charité et de partage, puisque le ramadan est la période où personne n'a faim (le soir). Ces grandes tables dans la rue où tout le monde rompt le jeûne ensemble. Dans la rue, juste au moment de la rupture du jeûne, des jeunes hommes, souvent barbus, offrent aux automobilistes et à leurs passagers, des boissons et de la nourriture.

Ramadan triste, lorsqu'en fin d'après midi, les fidèles, attablés dans la rue, attendent la fin, la fin de la faim, se dépêchent en voiture de rejoindre leur domicile, rendant la route encore plus dangereuse que d'habitude ; triste encore, lorsque la femme de ménage invoque, auprès de ma femme, Mahnaz, que cela ne concerne pas, un mal de ventre, pour avoir la permission de boire de l'eau !

Ramadan naturellement dominant parce que tout le pays semble faire le jeûne ; pendant le ramadan, les non-musulmans se font oublier. Dîner dans un restaurant chic d'un quartier chic (Héliopolis). Le serveur demande à notre amie égyptienne si elle a un autre passeport que le passeport égyptien pour qu'il puisse lui servir du vin. Pendant le ramadan, les hôtels chargés de veiller à l'application des règles religieuses ne peuvent servir de l'alcool aux Égyptiens. Un Égyptien chrétien ne peut pas boire d'alcool mais un étranger musulman, lui, le peut.

Ramadan gai et convivial avec ses *iftars,* ses ruptures de jeûne. C'est le seul moment de l'année où les Égyptiens se retrouvent systématiquement pour le repas familial. Des *iftars* d'entreprises, d'universités, sont organisés qui ne sont pas réservés aux musulmans. La ville, qui s'est éteinte progressivement à partir de 16 heures, totalement à 18 heures, revit intensément le soir et la nuit : beaucoup de maisons sont éclairées et bruyantes, et font du *ramdam.*

L'uniforme

Assemblée générale au lycée français du Caire avec le proviseur. Une question surprenante d'une mère : « *Ne pourrait-on avoir des uniformes, au moins pour les primaires ?* » Réponse du proviseur ; « *Pourquoi souhaiteriez-vous un uniforme ?* ». Je m'attendais à ce que soient invoqués la disparition de toute différence individuelle et/ou sociale, l'affichage d'une image ou l'expression d'une identité de l'organisation qui invite à la discipline. La mère : «*Parce que cela faciliterait notre travail* ». Le proviseur répond que le choix d'un vêtement participe à l'éducation et que c'est un moment privilégié pour les parents de s'affirmer par rapport à leurs enfants.

Quelques jours plus tard, Pierre, mon jeune fils, qui ignorait cet échange auquel il n'avait pas participé, au moment où l'on croise le matin les flots d'élèves en uniforme en route vers les écoles égyptiennes, affirme qu'il aimerait bien porter un uniforme ! Et Mahnaz lui répond que, enfant en Iran, elle portait un uniforme à l'école, et que, le weekend, elle était perdue parce qu'elle ne savait pas comment s'habiller !

Notre village

Souvent, le soir, après ou avant le dîner, nous aimons descendre dans notre quartier faire des courses. Notre rue, la rue 6, est essentiellement résidentielle. La parallèle suivante, la rue 7, longe la ligne de métro. C'est là que la sortie ouest du métro, côté Nil, déverse une population qui s'engouffre dans les minibus, court dans les rues avoisinantes, s'éparpille vers les commerces et les mosquées. Nous avons nos habitudes et nos habitués. Le marchand de fruits jeune, austère, qui dit quelques mots d'anglais et ne compte qu'en demi-kilo. Ses fruits me sont familiers, pommes, bananes, prunes, raisins, ou bien me paraissent exotiques, kakis, dattes aux couleurs variées, mangues, figues, grenades ;'d'autres sont étranges, melons à l'air de pamplemousse, et réciproquement, agrumes énigmatiques, oranges vertes, « mandarines » dont le goût s'apparente à celui du citron et de l'orange.

De son côté, Mahnaz a le droit de choisir les légumes derrière le comptoir, ils sont de bien meilleure qualité. Peu d'occidentaux s'aventurent ici, et nous sommes choyés. Tomates délicieuses, aubergines, sombres et tortueuses ou blanches et régulières, herbes de toutes sortes, font son régal. Devant l'étalage, avec un port altier, une femme en chaise roulante vend son pain, son beau visage symétrique est illuminé par un joli sourire. Un peu plus loin, l'homme à la moustache souriante nous presse des fruits « sans eau, sans sucre », grenades, mangues et, j'espère, bientôt oranges. Sa voisine, « Susie », la marchande de vêtements dont les cotons sont de très bonne qualité, voilée, et qui parle un assez bon anglais, est très bonne commerçante, espiègle, facilement familière. Le vitrier nous est éternellement reconnaissant de lui avoir commandé un dessus de table en verre.

Par une passerelle ou un souterrain sinistre, nous passons de l'autre côté de la ligne de métro, vers la rue 9 qui longe les voies à l'Est et qui est plus riche en boutiques (Mobinil, salons de coiffure et de manucure, menuisiers, vendeurs de poissons rouges, tortues, singe..) et en clientèle, elle a les faveurs des expatriés. C'est un lieu de (relative) débauche ; on peut boire un vrai expresso au *Cilantro* et acheter à l'épicerie Massoud de la bière ou des vins, égyptiens ou sud-africains, enveloppés dans un plastique noir qui cache le contenu aux yeux des passants. Nos préférés sont le jeune coiffeur, enjoué, sa casquette vissée sur la tête et Monsieur Darwish, le papetier-qui-a-tout-dans-sa-boutique, et qui dit en rigolant et en français, dès qu'on lui demande un prix, « cent livres ». Le personnage le plus extraordinaire est incontestablement la pharmacienne : une dame assez âgée, soignée avec son chignon en arrière, belle avec ses yeux clairs qui respirent la bonté et l'intelligence ; copte (sa boutique est décorée de popes barbus entourés de halos aux couleurs mièvres), souriante, elle parle lentement un excellent français et trouve toutes les solutions aux petits problèmes de santé.

Point mort

Nous passons au moins deux heures par jour côte à côte. Je dois reconnaître que, mince, toujours propre et bien rasé, élégamment habillé, souvent d'un beige qui sied à son teint bronzé, Ibrahim, a de l'allure. Il en rajoute un peu lorsqu'il sort ses lunettes de soleil de leur étui, ou pose nonchalamment son coude sur la portière, ou encore lorsqu'il tient le volant d'une seule main. Il sait se faufiler et globalement conduit assez bien. Mais il me stresse. Déjà, comme tout chauffeur qui se respecte, il a ses petits détours, qui sont, en principe, des raccourcis et qui vous font passer sur des routes non bitumées au milieu des détritus. Ensuite, il conduit au plus près ; c'est vrai qu'il ne faut pas trop laisser de distance avec la voiture qui précède ; on risque de se faire piquer la place. Surtout, il n'arrête pas de débrayer. Il débraye lorsqu'il ralentit, il débraye dans les virages, il débraye lorsqu'il freine. En ville, il passe son temps à débrayer lorsqu'il n'est pas au point mort. Je ne supporte pas. D'un point de vue rationnel, c'est dangereux de se priver du frein moteur. Mais sans doute l'irrationnel l'emporte, et je cristallise toute mon anxiété sur sa conduite. Cela m'énerve. Il patine, moi, je ronge mon frein. Il est en roue libre, moi je suis presque au point mort[1].

Interculturel

Surpris et désarçonné par mon nouvel emploi. J'avais la naïveté de penser que le management interculturel demandait simplement de l'ouverture d'esprit, de la patience et

---

[1] Pour une lectrice, Joëlle Affichard : « *Ce qui est relaté, c'est l'ébranlement ressenti dans le corps même qui est perceptible dans les récits, puissamment allégoriques, des voyages en voiture* », je réalise que mon récit du voyage en voiture a une dimension allégorique. Je suis conduit, balloté, entouré d'un univers qui m'est étranger, je suis confronté à la peur, aux destins de ceux dont la vie s'arrête.

de la tolérance, toutes qualités que je possède, bien évidemment ! C'est tout cela, mais à de fortes doses. Mes nouvelles fonctions remuent donc des choses très profondes dans la manière dont je vis mon travail, dont je me positionne par rapport aux autres. En fait, se conjuguent le dépaysement avec tout ce qu'il représente d'abandons, la difficulté éprouvée à vivre les rapports sociaux violents d'un pays en voie de développement, des fonctions totalement nouvelles et surtout, - j'ai mis du temps à m'en rendre compte -, une définition de mon poste problématique. Je viens de découvrir qu'il y a un an, au moment même où l'on me vantait tous les attraits du poste de vice-président, beaucoup voulaient fermer l'Université française d'Égypte !

La ferme du Fayoum

Elle a une ferme près du lac du Fayoum, avec dix sept chevaux dont quatre juments pleines et aussi des cultures de céréales et de légumes qui permettent d'équilibrer l'exploitation. Ils sont venus dîner à la maison, elle et son mari : elle préférait un dîner intime à une grande réception. Dès le début de la soirée, comme Pierre parle équitation, sa nouvelle passion, elle nous invite à passer un week-end dans sa ferme pour monter à cheval. Lui, un jeune afghan qui parle peu anglais et français et qui semble débarquer directement d'un Kaboul anéanti par la guerre, l'occupation et la misère. Elle, petite quarantaine, souriante avec sa robe ample, a un peu un look baba-cool. Elle nous parle d'elle-même et nous apprend beaucoup de choses sur l'Afghanistan, l'Égypte et la diplomatie. Il est vrai qu'elle n'est pas seulement exploitante agricole élevant des chevaux ; elle est aussi diplomate.

L'université

Un bâtiment blanc, ovale, très lumineux, incontestablement plus beau que les vieilles universités décrépies et surpeuplées du centre du Caire et que les bâtiments modernes des universités anglo-saxonnes, avec leurs incontournables colonnes et coupoles néo-antiques. A l'entrée, des hommes ouvrent poliment la porte. Leur fonction exacte m'échappe, mais j'ai du mal à imaginer qu'elle se réduise à cette seule ouverture de porte. Je rejoins mon bureau au premier étage, près de celui du président. Le bureau du président-pharaon, est immense, faisant plus penser à la suite d'un grand hôtel qu'à un bureau, mais néanmoins orné des inévitables photos Chirac-Moubarak[1] se serrant la main à l'inauguration de l'université, des non moins inévitables diplômes d'ingénieurs et des photos de remises de je ne sais quel diplôme. Mon bureau est petit et donne sur la cour intérieure qui résonne de la joie des étudiants ; en Égypte, les jeunes sont beaucoup plus heureux que les Français d'être à l'université, sans doute parce qu'elle leur permet de prendre du champ par rapport à leur famille. A cinq heures, la cour bruisse des piaillements, des nuées d'oiseaux invisibles refugiés dans les arbres.

Doyens et Pharaon

Les trois doyens veillent jalousement sur leur faculté. On retrouve des figues classiques : une grande universitaire, une élégante bureaucrate, un doyen ayant oublié qu'il est enseignant, qu'il est chercheur et même qu'il est doyen. Ils veillent tous les trois à ce que je n'empiète pas sur leurs prérogatives. Le « pharaon », version locale de l'« omni-président » piétine allègrement mes domaines de compétence propres. Comment défendre mon territoire ? Je suppose qu'il ne faut pas utiliser la méthode française, entrer en conflit frontal en brandissant le texte signé. Je

---

[1] Qui disparaitront dès le premier jour de reprise après la révolution.

sais ce qu'il ne faut pas faire mais je ne sais pas ce qu'il faut faire[1].

Evasions

Le Caire poussière, Le Caire polluée, Le Caire bruyante, trépidante, fatigante. En voiture, les cairotes sont pressés. Pourquoi les Cairotes, le plus souvent nonchalants, sont-ils pressés en voiture ?

Il faut sortir du Caire. Ici, encore plus qu'ailleurs, l'accès à l'espace est un privilège. Pas, peu de jardins publics, d'espaces publics. L'air plus pur, l'espace, sont privatisés. Dès qu'une famille égyptienne appartient aux classes moyennes ou supérieures, elle fait partie d'un club. Nous aussi. Un peu en altitude, notre club est aéré et l'on y respire.

Nous, - en fait surtout Pierre - faisons du cheval près d'une des pyramides de Sakkarah, celle de Abou Sir. Quel privilège ! La pyramide presque pour nous seuls. A la lisière du désert. « *Je t'ai parlé de verdure. Cela peut te sembler drôle. Mais il y a en Égypte deux choses, l'Égypte proprement dite, la vallée, tout ce qui reçoit l'inondation, qui est plus vert que la Normandie et immédiatement à côté, le sable aride, le désert, de sorte que ces deux couleurs tranchent brutalement côte à côte.* »[2].

On sort aussi du Caire. Alexandrie la sucrée. Alexandrie « hors d'Égypte », selon l'expression locale, mais de moins en moins hors d'Égypte, de plus en plus égyptianisée, africanisée, saoudisée, islamisée.

La mer Rouge, qui est bleue turquoise, petit hôtel avec deux bandes mixtes de jeunes égyptiens qui dansent innocemment, ce qui nous est inhabituel.

---

[1] Je me suis longtemps demandé si mon séjour en Égypte pourrait éclairer (et être éclairé par) le roman de Gamal Ghitany, *Les récits de l'institution*.
[2] Gustave Flaubert, *En Égypte, Lettres à sa mère*, décembre 1849.

Le Fayoum enfin, dans une ferme qui ressemble à un ranch mexicain avec son manège circulaire, à la lisière du désert.

Le calendrier indique que c'est l'automne, mais il fait encore chaud et la fenêtre de mon bureau reste ouverte. C'est un automne sans feuilles mortes, les feuilles restent accrochées aux arbres ; un automne sans pluie, les nuages passent et vont crever ailleurs.

La cerbère

Elle assume pleinement ses fonctions de secrétaire du président. Véritable cerbère qui veille sur la porte du pharaon. Quand Il est dans son bureau à elle, celle qui fait preuve d'une incroyable décontraction en ma présence, reste debout tout le temps de la présence de son chef. Elle n'a pas son égal pour prendre son téléphone et engueuler les personnels administratifs. Elle est déchargée des lourdes tâches de photocopies par un *factotum*. Elle est au courant de tout et sait, sans en avoir l'air, s'informer sur les contacts et les rendez-vous que je prends. Très élégante - elle change tous les jours de tenue avec, chaque fois, des harmonies de couleurs différentes -, elle porte le voile. Je suis dans ses confidences : elle est très inquiète pour la chute de ses cheveux et me charge de lui acheter du kerastase mais ne se pose pas la question des effets du voile sur sa coiffure.

L'État défaillant

Une société sans dimension collective. Les comportements, individualistes, ignorent le reste de l'humanité. Les parties communes des immeubles sont délaissées. Dans notre immeuble, plutôt dans un beau quartier avec beaucoup de vastes appartements, l'entrée est très moyenne ; surtout, l'escalier de service, immonde, tient lieu de décharge !

L'État est absent ; seulement présent sous la forme du policier et du militaire. Faux État-gendarme. Le vrai État-gendarme définit et fait respecter les règles qui encadrent les initiatives individuelles. Ici, les policiers gesticulent au carrefour de la ville, se substituent aux feux soi-disant défaillants ou bien explicitent, par leurs gestes, la signification des différentes couleurs aux automobilistes, quand ils ne les contredisent pas. Ils font de la présence, en ville, mais désertent les environs de la ville où ils seraient plus utiles. Corrompus, les policiers ne peuvent faire respecter les règles et n'ont même pas le monopole de la surveillance, dans cette société qui grouille d'hommes qui observent et rendent des comptes. C'est ainsi que nous apprenons que notre baouab informe, par téléphone, la propriétaire, de nos allées et venues : « *Ils sont rentrés, vous pouvez leur téléphoner*». Les forces de l'ordre sont essentiellement en représentation, mais quelle représentation ! [1]

« *Orpheline de Dieu* » (selon l'expression de l'écrivain Albert Cossery), orpheline de l'État, la société n'est pourtant pas atomisée, mais fortement pyramidale. Hiérarchie de celui qui emploie l'autre, hiérarchie de celui qui commande dans l'entreprise et qui n'est pas contredit, hiérarchie des pare-chocs sur les routes.

Paris vue d'un Cairote de fraiche date

Quelques semaines au Caire suffisent pour, lors d'une courte escale, voir Paris autrement. Paris bigarrée avec ses Asiatiques, bien sûr, mais aussi avec ses Africains. Paris est plus africaine, plus sub-saharienne, plus noire, que Le Caire. Plus noire aussi par ses habits. Paris qui montre ses jambes. Le Caire cache les jambes des femmes, dissimule souvent leur visage, mais exhibe ses immondices qui sortent du ventre des maisons. Paris branchée : tout le monde,

---

[1] Ce n'est que plus tard, lors de la révolution, que je prends la mesure de la cruauté de ces forces répressives.

ou presque, se balade avec ses écouteurs. Paris chargée, de sacs, sacs à main, sacs à dos, d'ordinateurs portables : en Égypte, comme en Chine, l'homme ne porte rien, il est allégé de tous ces objets. La France, société de consommation de différenciation, de tentation ; société d'information qui nous submerge de messages, de signes, de symboles, société réglée.

Inventaire

Sur la route, sur l'autoroute, des véhicules de toutes sortes, de tous âges. Des vieilles voitures, de marque française, des plus récentes, japonaises ou coréennes. Des taxis bringuebalants ; des minibus encore plus dangereux. Des camions, des autobus qui penchent dangereusement. Des véhicules qui dégagent d'horribles fumées. Des restes de cargaison, sables, cartons, cageots, fruits, briques.. qui ne sont pas restés arrimés. Des véhicules arrêtés, en panne, mais pas toujours en panne, sur la file de droite, ou bien arrêtés sur la file de gauche, et même sur la file centrale. Une ou deux personnes plongées sous le capot, des jambes qui dépassent du véhicule, des jambes qui indiquent que quelqu'un s'affaire à le réparer. Quelquefois, le chauffeur a la délicatesse de signaler la présence du véhicule par de grosses pierres - dangereuses - qui tiennent lieu de triangles de signalisation. Un soir, un chauffeur de taxi dont la voiture est en panne, fait brûler un pneu en guise de « feu » de détresse. Un morceau de tracteur au milieu de la route, un autre de l'autre côté du terre-plein. Une pelle mécanique manœuvrant au milieu de la chaussée. Des charrettes tirées par des ânes. Des charrettes tirées par des ânes à contre-sens. Des cadavres de vaches sur le bas-côté sur la route du Fayoum. Des véhicules accidentés, pliés, de véritables millefeuilles, renversés, ou simplement cabossés. Des blessés. Des gens qui courent à toute vitesse pour traverser l'autoroute à quatre voies sur lequel les voitures roulent à cent à l'heure. Sur le bord des routes, ou même sur la chaussée, on voit des gens qui tendent la main pour être pris par le bus. Mais le bus s'arrête rarement[1] ou bien il s'arrête, mais plusieurs dizaines de mètres plus loin, obligeant l'homme ou, plus rarement, la femme, à courir. Un policier fait signe sur le bord de la route, il fait de l'autostop. Nous avons vu, l'autre jour, une femme tomber d'une moto et rouler, son nourrisson collé contre son corps, devant notre voiture.

La route pourpre du Caire[2] (déc. 2008)

La femme à la moto (suite). Selon les amis égyptiens à qui on a raconté l'épisode, il peut être très dangereux de porter secours ; on risque de se retrouver face à une meute excitée et vengeresse, prête à témoigner de notre responsabilité dans l'accident. On prescrit, ici, la non-assistance à personne en danger. Dur ! Dur ! Quelle est cette société où les gestes élémentaires et fondamentaux de solidarité face au danger sont proscrits ? Quelle humanité ! *Le Monde : « Un bus qui transportait 70 personnes a quitté la route pour verser dans un canal à 200 km au sud du Caire... Au moins 55 personnes ont péri ».*

Arnaques, confiance et préjugés
En Égypte, comme souvent, les conversations d'expatriés, de « missionnaires » - étrange nom donné à ce qui font des missions d'enseignement - de touristes et autres routards, sont truffées d'histoires d'arnaque dont ils ont été victimes.

---

[1] Je mets plus d'un an à comprendre qu'il existe un code gestuel qui permet aux gens d'indiquer leur destination au chauffeur.
[2] Le titre m'a été soufflé par Christiane Alliata, correspondante cinéphile.

Pourtant. Lors de mon premier séjour au Caire, il y a plus de dix ans, Antoine Bévort, le coordonnateur de la filière francophone, m'avait donné le mode d'emploi des taxis. Ne pas demander le prix, s'installer à l'avant, à côté du chauffeur, et, à l'arrivée, sortir de la voiture et donner, par la fenêtre ouverte, un rouleau de billets correspondant au prix, ce qui suppose qu'on le connaisse. J'ai appliqué la recette plus d'une centaine de fois et le plus souvent, le chauffeur prend le rouleau sans regarder, ou bien jette un œil et, rarement, le déroule, et demande plus. D'une façon surprenante, les chauffeurs me gratifient d'une confiance aveugle et pleine de générosité. Je me suis souvent demandé la raison de cette extraordinaire confiance. Sur quoi repose-t-elle ? J'avais échafaudé une interprétation. Mon geste laisse supposer au chauffeur de taxi que je connais le prix. Il sait que je sais. Et mon geste implique aussi que je ne peux essayer de le gruger, je ne peux pas abuser de sa confiance. C'est l'assurance même de l'occidental qui fait naître la confiance de l'Égyptien. J'ai ai été déçu quand une égyptienne a démonté ma théorie et m'a fourni une autre explication ; pour l'Égyptien, l'argent laissé par le client est en fait un don de Dieu et le chauffeur de taxi accepte ce que Dieu lui donne. Confiance.

Il y a quelques jours, avec Pierre Josse, rédacteur en chef du Guide du routard, nous sommes allés en voiture au restaurant *Fish Market*. Devant le restaurant, aucune place de stationnement, mais un homme s'approche, un énorme trousseau de clefs de voitures à la main. Spontanément, je lui donne mes clefs ; il m'indique son prénom, que je ne retiens pas, et nous sommes allés dîner. Au cours du repas, comme la discussion a en partie tourné sur toutes les formes d'arnaques, mon esprit se met à gamberger et je commence à m'imaginer que j'avais été victime d'un habile piège. Comment pourrais-je expliquer à l'université, dont j'avais emprunté une des voitures, que j'avais laissé les clefs à quelqu'un dont je ne connais rien, même pas le prénom ? A la sortie, j'ai retrouvé la voiture, sagement garée, le placier informel et mes clefs. Il n'a même pas discuté le bakchich. Confiance.

Obscurantisme et antisémitisme ordinaires

En 2002-2003, j'avais été suffoqué par le discours d'un Égyptien, discours, en fait très classique en Égypte. Ce chef d'une grande entreprise, qui passe une grande partie de son temps en Europe et qui nous reçoit dans un appartement immense et très joliment décoré, nous assène que le 11 septembre a été orchestré par le Mossad ; d'ailleurs, tous les juifs qui travaillaient dans les *Twin towers* avaient été avertis du projet et ne s'étaient pas rendus à leur travail ; aucune victime de ce côté-là. Cet homme, qui, dans son activité professionnelle, devait faire preuve d'une certaine logique, était totalement dépourvu de raison lorsque l'on discutait son assertion : Qui connaît le nombre de juifs parmi les travailleurs des *Twin Towers* ? Comment peut-on avertir des dizaines, des centaines de personnes sans qu'il y ait de fuite ? Doit-on considérer que tous ceux qui ont revendiqué les attentats sont des fabulateurs ?

En novembre 2008, *remake* au Centre culturel du Caire, lors d'une conférence sur *Le 11 septembre a-t-il changé les relations internationales ?* Un auditeur égyptien s'est saisi du micro avant la fin des exposés et a fait une longue intervention, dans un français relativement correct, sur le même thème, brodant sur les « mensonges » du 11 septembre ; il est ensuite parti, avant la fin de la conférence, ayant délivré son message. Il avait accompli sa mission. Le Centre Culturel français est une caisse de résonnance de ces absurdités.

Quand on entend ces Égyptiens qui font partie des plus instruits, on frémit en pensant aux représentations du peuple.

Le bel adolescent réactionnaire

Louxor, ancienne Thèbes, rive droite, le temple de Louxor et le site de Carnac, rive gauche Hatshepsout, au delà des plaines louxoriantes, les vallées des rois, des reines et vallée des seigneurs, les colosses .... C'est la mi-décembre et, sous le soleil, les vallons de sable lumineux de la vallée des rois rappellent les pentes neigeuses d'autres climats. On nous redit l'histoire de Toutankhamon qui vécut assez peu pour rester un adolescent pour l'éternité et pour notre joie, mais assez longtemps pour détricoter l'œuvre d'Akhenaton, qui est peut-être son père. Akhenaton qui innove en « *balayant le polythéisme hirsute de la religion égyptienne traditionnelle* » et le remplace par un monothéisme autour de Aton, monothéisme qui s'inspire, dit-on, de son amour pour Néfertiti et pour le soleil et qui aurait pour héritiers nos grands monothéismes, le judaïsme, le christianisme et l'Islam. « *Sigmund Freud lui-même, dans* L'homme Moïse et la religion monothéiste, *salua en Akhenaton le maître de Moïse, postulant une filiation spirituelle directe entre les deux «prophètes monothéistes* » »[1]. Très rapidement, le réactionnaire Toutankhamon rétablit le polythéisme des ancêtres. Sans entrer dans les discussions sur le bien-fondé de cette fable, je m'interroge simplement sur cette supériorité du monothéisme. Au fond, est-ce que des dieux multiples qui se jalousent, s'aiment, se combattent, et qui sont terriblement humains, ne favorisent pas de meilleurs modèles politiques que le Dieu unique, omniscient, omnipotent ?

Portiques et fourches caudines

L'Égypte fourmille de portiques de sécurité. En effet, il y a eu les attentats du milieu des années 90, en particulier

---

[1] Citations de Christian Cannuyer, *Akhénaton, précurseur du monothéisme ? Clio,* pour qui Aton n'est pas un véritable dieu et sans rapport avec sa filiation supposée.

au musée du Caire et, à Louxor en 1997, au temple d'Hatshepsout. Les spécialistes considèrent que les risques sont aujourd'hui non négligeables dans les endroits touristiques et près du consulat de France. Portiques de trois sortes.

Les portiques muets ne fonctionnent pas et ne bronchent pas lorsque l'on passe avec mobiles, appareils photo ou clefs.

Les portiques aboyeurs. Plus nombreux, ils fonctionnent, et signalent le passage d'objets métalliques mais cela n'émeut pas, outre mesure, les gardiens qui vous laissent passer. Une fois, devant l'inanité du portique, j'ai essayé de l'esquiver lorsqu' un des gardiens, sentant peut être que mon geste remettait en cause sa fonction, m'a rappelé à l'ordre et m'a demandé de passer dessous. Le portique a réagi, pas le gardien. Qu'est ce que le portique de sécurité ? Routine, superstition, alibi, fourches caudines ou portique de purification ? Le portique a couiné, c'est l'essentiel.

Les portiques efficaces, petite minorité étrange de portiques qui fonctionnent, les gardiens se sentant contraints d'identifier la cause du signal. Curiosité locale.

Du pain bénit pour les islamistes

Les musulmans souffrent dans leurs pratiques religieuses de la crise mondiale. Déjà, il y a quelques mois, des émeutes de la faim avaient éclaté en Égypte après l'augmentation du prix du pain. Quelle est la stabilité d'un pays qui s'embrase lorsque monte le prix du pain, alors que celui-ci ne vaut que quelques centimes d'euros ? Maintenant c'est l'*aïd*, on tue le mouton mais le prix du mouton a augmenté et il faut quelquefois se mettre à plusieurs pour se conformer à la tradition. Un marchand de bijoux à Louxor, qui a vu son chiffre d'affaires baisser de 60%, ne pas pourra faire le pèlerinage à la Mecque. La crise affecte les pratiques religieuses. Quelle aubaine pour les islamistes ! Il est si facile de dire que les musulmans sont victimes du libéralisme, que l'Islam est victime d'une crise née dans l'occident chrétien ![1]

Femmes et familles

Marguerite, jeune libanaise maronite chargée de la communication à l'université, se moque des femmes voilées. Pour elle, souvent les femmes se mettent à porter le voile lorsqu'elles sont susceptibles de rencontrer le futur mari. Le voile est symbole de la sagesse, le voile suggère un autre voile. C'est souvent le contraire, ce ne sont pas nécessairement les plus sages qui se voilent ! Elle éclate de rire en racontant les amours de son frère au Liban avec une femme mariée voilée dont il partage le lit quand son mari est en voyage. Beaucoup de femmes d'un certain niveau culturel, - pas seulement, la marchande de vêtements de la rue 7, l'épicière de la rue 9 aussi -, disent qu'elles ne veulent pas d'un mari égyptien ! Beaucoup de mères semblent très jeunes. Mariage et maternité précoces, est-ce pour les entraver ? Un homme se vante d'être issu d'une famille nombreuse et, accompagnant la parole du geste, me montre combien son père est fort. Comment une famille pauvre, un pays pauvre peuvent s'en sortir si l'on mesure la virilité à l'aune de la taille de la progéniture !

Insolite Noël (déc. 2008)

On ne voit pas plus venir l'hiver que l'on n'a vu l'automne, un automne sans feuilles mortes, sans pluie. Mi-décembre, les arbres sont verts, les arbustes sont fleu-

---

[1] Plus tard , je réalise que les Frères musulmans et de façon plus générale, l'Islam politique sont profondément libéraux sur le plan économique.

ris. Le temps est doux. Les nuages voguent vers d'autres cieux. La pluie est pour les autres. On en oublie que les nuages sont faits d'eau. Les jours sont courts mais moins courts qu'en France.

Dans notre imaginaire, Noël est intimement associé au froid et à la nuit, d'où naît l'envie de rentrer au chaud dans son foyer. Dans cette ville qui ne cesse de résonner des appels à la prière des muezzins, les signes de Noël, pourtant présents, les sapins, les boules, les Pères Noël, paraissent déplacés, incongrus. Noël est abstrait.

Noël insolite à la filière francophone de gestion de l'université d'*Ain Shams* où je suis invité pour écouter la petite chorale étudiante. Cela commence plutôt par le décalé, le *kitch*. La chorale des étudiants chante *Petit Papa Noel* et *Vive le vent* : « *Vive le vent, Vive le vent d'hiver, Vive le temps, Vive le temps d'hiver : il s'en va en soufflant dans les grands sapins verts.. Boules de neiges et jour de l'an et bonne année grand-mère..* ». *Kitch* aussi, l'étudiante voilée qui arbore sur sa joue un dessin de bonnet de Père Noël. Mais ce que je trouvais kitch devient très émouvant lorsqu'une jeune fille chante un chant religieux chrétien en arabe et lorsqu'une autre, qui appartient au chœur de l'opéra, chante *a cappella*. Au-delà de folklore, une vraie impression d'œcuménisme et de tolérance : les musulmans, souvent anciens élèves d'écoles françaises religieuses, participent à la fête des chrétiens.

Noël abstrait

Noël est abstrait mais ces fêtes de fin d'année sont très religieuses et identitaires. Surtout cette année où l'Egire, nouvel an musulman, tombe entre Noël et Jour de l'an. Il y en a pour tout le monde et Dieu reconnaîtra les siens : Noël catholique, Nouvel an musulman, Noël copte dont la date est décalée, Jour de l'an. Les Musulmans nous adressent leurs vœux, à nous qui sommes implicitement et naturellement catholiques, pour Noël et le nouvel an chrétien. Alors qu'en France, la sécularisation du nouvel an s'accompagne d'une sécularisation de Noël, ici Noël et la Saint Sylvestre sont également marqués du sceau chrétien. Noël abstrait et, mi-janvier, j'ai réalisé avec nostalgie que, pour la première fois de ma vie, je n'avais pas tiré les rois, moi qui pourtant ne suis pas friand de ces galettes étouffe-chrétiens.

El Arham hebdo, fin 2008 début 2009

El Arham hebdo, donne une couverture critique sur l'Égypte. Les perspectives du monde arabe à la fin de 2008 sont sombres et la guerre de Gaza y est dépeinte avec raison. Les critiques adressées aux medias occidentaux sont loin d'être infondées.

Les thèmes de société sont abordés de façon crue. En 2008, la croissance est de 7.5% - on croit rêver, on est plus près de la Chine que de la France des Trente Glorieuses ! - mais la pauvreté s'est accrue et les pauvres n'en ont pas profité. Le journal rappelle tous ces morts en début d'année dans les batailles quotidiennes pour obtenir du pain subventionné.

L'hebdo évoque aussi souvent la situation des femmes. Certaines réussites sont mises en avant. Des femmes accèdent enfin à des professions réservées aux hommes, elles sont parachutistes, maires ou juges. Le « *kholea* », nouvelle forme de divorce, se développe. Jusque là, le mari avait l'exclusivité de la répudiation. Le *kholea* permet à une femme de quitter son mari, à condition d'abandonner sa dot ! La liberté est ainsi chèrement payée. Les femmes quittent de plus en plus souvent leurs maris, parce qu'elles ne les supportent plus, ou bien, parce qu'elles ont trouvé meilleur parti, nous dit l'hebdo.

Une femme copte a réussi, en première instance, à obtenir la garde de son enfant au détriment de son mari musulman. Conflit juridique. D'un côté, la *charia* impose que l'enfant soit élevé dans l'Islam et donc confié à celui des deux parents qui est musulman. De l'autre, le principe d'égalité ignore ces considérations, c'est lui qui a prévalu, en première instance.

Une responsable égyptienne donne un chiffre encourageant sur l'excision : dans la population des jeunes filles de 10 à 18 ans éduquées, la part des excisées aurait baissé de 50%. C'est extraordinaire ! Sauf si l'on fait des calculs terribles : supposons que le taux pour l'ensemble des femmes soit de 90%[1] et que les jeunes filles éduquées représentent 10% de la population. Pour les filles de 10 à 18 ans, on passerait de 90% à 45% et pour la population totale de 90 à 85% .Il en reste beaucoup.

Gaza

Décembre 2008-janvier 2009, opération israélienne *Plomb durci* tuant plus de 1300 palestiniens dont 100 femmes et 400 enfants. Sommes-nous, au Caire, plus près de Gaza que la France ? Ce petit territoire est moins éloigné de nous que Louxor ou Sharm el Sheikh. Les images de Gaza sont plus frappantes ici parce que de nombreux signes nous rappellent ce que nous côtoyons tous les jours, l'environnement, le soleil, les immeubles, la poussière. Ces foules d'hommes qui sont les victimes, ressemblent, par leur physique, par leur gestuelle, par leurs habits, à ceux que nous côtoyons, donnant tout son sens à l'expression nos « frères palestiniens ». Pour les Égyptiens, ce sont certainement « nos frères » et pour nous, ce sont plutôt « nos voisins ».

---

[1] 93% dans *Dictionnaire amoureux de l'Égypte* de Robert Solé, 90% dans *l'Égypte contemporaine* de Jean Marcou.

Les fabuleuses histoires de Réda, femme de ménage

Les histoires racontées par Réda, femme de ménage sont si fortes que l'on se demande si, bien que *housekeeper*, elle n'a pas l'imagination d'un Alaa al-Aswani, auteur de l'*Immeuble Yacoubian*, livre devenu film à succès.

Sordide et banale, la mesquinerie des patrons qui demandent à leur femme de ménage d'apporter leur eau, leur sucre ou leur thé, pour ne pas prélever sur les réserves familiales.

Plus extraordinaires, les histoires de son logement. Moyennant une redevance mensuelle modique, elle a obtenu de moins de 20 euros d'être « propriétaire » (peut-être plutôt locataire à perpétuité avec un loyer très faible) d'un petit appartement. Le (vrai ?) propriétaire de ce logement ayant trouvé l'opportunité de louer à un prix dix fois plus élevé, la harcèle et, surtout, harcèle ses enfants lorsqu'elle a le dos tourné. Réda prend un autre appartement et y déménage avec sa famille. Mais, pour donner le change et faire croire qu'elle occupe toujours « son » appartement, elle met la radio, très fort, le jour comme la nuit. Personne ne se plaint. Pourquoi ? Parce que le poste diffuse le Coran, 24 heures sur 24 ; personne n'oserait reprocher à son voisin d'écouter très fort le Coran, quelle que soit l'heure du jour ou de la nuit. Un jour où, extenuée, elle s'y est refugiée, la propriétaire vient tambouriner à la porte pendant trois heures. Puis silence. Plus tard, la sirène d'une ambulance et, de la fenêtre, elle voit la propriétaire emportée, à moitié paralysée, des membres ballants, la bouche « tordue au milieu de la joue » ; Réda se demande si elle ira la voir à l'hôpital.

Coup de balai au « poste »

En novembre 2007, le Conseiller précédent, japonisant et spécialiste d'Extrême-Orient et, donc pour ces raisons, affecté au Caire, m'avait convaincu de postuler sur le poste de vice-président - au moment même où l'on envisageait à Paris la fermeture de l'université -. Il est plus doué pour définir une politique universitaire que pour gérer les ressources humaines. Zélé, prenant à la lettre les instructions gouvernementales - qui se plaignaient d'un « poste surdoté » au Caire - et sans doute bien éclairé par des gens qui ne lui voulaient que du bien, il a licencié 14 Égyptiens d'un coup. Face à la vive réaction syndicale, ici et là haut, il a été lâché par l'ambassadeur puis par Kouchner et son cabinet qui se sont soudain souvenu qu'il ne fallait pas trop écorner l'image de gauche. Le Conseiller a dû partir, non sans que l'on ait évoqué sa vie privée, au mépris du politiquement correct, et des mœurs prêtées à ceux du « Quai ».

Toutous de Maadi

Les maffias investies dans la collecte d'ordures ne s'intéressent manifestement pas à notre quartier, pourtant cossu et riche en détritus. Des immondices à chaque coin de rue, et des chiens, des chats et des oiseaux jouent le rôle d'éboueur assumé en France par les rats. Des hordes de chiens devenus sauvages trottent dans nos rues. Ils ont attaqué des humains en bas de chez nous. Le médecin nous conseille de vacciner Pierre contre la rage, le pharmacien nous dit avoir peur lorsqu'il sort à minuit, le dernier à quitter sa boutique. Les Égyptiens nous demandent de téléphoner à la police pour qu'elle vienne les abattre, un appel venant d'étrangers peut être plus efficace que ceux venant des autochtones.

Voiles

Pour la première fois, nous sommes invités à déjeuner au domicile d'un collègue égyptien. Diplômé français, le physique élégant, un français remarquable, il a fait un post-doc aux États-Unis. Par courrier électronique, il nous indique que Céline, sa femme - je découvre alors qu'elle est française -, ses enfants et lui-même, nous accueilleront un samedi à midi. Ils habitent dans une grande ville nouvelle de l'ouest du Caire, « le 6 octobre » - c'est une manie de baptiser villes et rues de la date des hauts faits de l'Égypte contemporaine -. Lorsque nous arrivons, nous voyons, à sa fenêtre, sa grande silhouette nous indiquant la porte d'entrée. Lorsque la porte de l'appartement s'ouvre, un choc : nous sommes face à face avec une femme à la peau très blanche, aux yeux bleus clairs et au voile strict. C'est Céline, bretonne pure sucre.

Visite à « Mère de Dieu », école de filles prestigieuse de Garden city, où nous venons vanter les mérites de notre université auprès des jeunes égyptiennes. Au mur de la salle de classe, un crucifix. Dans la salle, des filles souriantes et gaies, en uniforme. Certaines sont voilées. Mère de Dieu.

Ici, les tenues des religieuses chrétiennes s'apparentent aux autres uniformes voilés. Mais, assez curieusement, sous leur voile, leur regard pétillant leur donne un air presque coquin.

Voiles de Cairotes

Qui se remarquent comme d'infinies petites tâches de couleurs, du haut d'un avion à moteur.

Le Caire porte le voile partout. Le Caire gonfle sa voile en felouque. C'est vec classe qu'il se place. Le Caire met les voiles en s'étendant sur de nouvelles banlieues. Le Caire se dévoile lorsqu'il n'est pas censuré. Un plaisir de voile pailleté autour d'une danseuse qui anime les soirées du bateau « El Nile Boat ». Bien accroché par de multiples petites épingles, le voile se porte en bicolore, imprimé ou uni. Engouffrée dans un point d'écoute qu'est le vent, la voile à l'allure pyramidale se distingue sur le bleu argenté du Nil. Tour à tour féminin ou masculin, il se ballade un peu partout. Le voile se déchire parfois à force d'être tripoté de main en main par une population envahissante. Il s'ôte quand l'étranger ou l'inconnu apporte sa différence.

Les voiles, comme de petites tâches de couleurs du haut d'un avion à moteur. »[1]

Cicatrices post coloniales

Les occidentaux marchent dans les pas des classes dominantes égyptiennes, et réciproquement. Les attitudes hautaines, autoritaires et méprisantes de certains occidentaux dupliquent les comportements des Égyptiens à l'égard de leurs inférieurs. Les inégalités et la violence locales nourrissent les postures post-coloniales. Pourtant, je ne vois pas la même chose lorsque la violence à l'égard d'un pauvre bougre vient d'un Égyptien ou d'un occidental. Je pense ne pas être le seul à porter un regard différent. Et j'aurais préféré ne pas entendre un professeur égyptien brillant se plaindre du comportement méprisant d'un Français du Centre culturel, qui était loin d'avoir les mêmes diplômes que lui. J'aurais préféré ne pas entendre le secrétaire général du centre culturel dire, parlant des responsables égyptiens de mon université : « *Il faut leur tordre le bras pour qu'ils signent !* » !

Désert et Cairotes

Attentat au *Khan el Khalili* - le fameux marché du Caire incontournable pour les touristes -. Une jeune Française est tuée. Nous nous ne savons pas grand chose et, comme le disait ma grand'mère, « *ce que l'on ne sait pas ne fait pas mal* ». Nous n'avons pas accès aux médias en

---

[1] Jeu de voiles aimablement cédé par Mélinda Bouquerel ex expatriée.

arabe et nos amis égyptiens font le *black-out* sur les informations, sans doute pour nous ménager, peut-être par ignorance, indifférence, négligence ou calcul. Tout est donc calme. Simplement Madame le Consul général évoque l'hypothèse selon laquelle ce ne serait pas un hasard que les victimes du *Khan* aient été françaises ; le groupe avait peut-être été suivi. On apprend par la bande qu'un américain a été poignardé, toujours au khan, par un déséquilibré - c'est rassurant, mais qui a dit que c'est un déséquilibré ? - que des bombes ont été désamorcées dans le métro ; les professeurs invités se décommandent. Pourvu qu'Hélène Carrère d'Encausse vienne pour la remise des diplômes !

L'incarnation moderne de l'éternité égyptienne

Léger, je me gonfle, me dégonfle. Je me métamorphose. Je cours, je saute, je danse. Je m'envole, vole, survole. Je plane. Je tourbillonne. Je m'enroule. Je virevolte. Je me colle, sur une voiture, sur un pare-choc, sur un pare-brise. Je m'agrippe aux essuies glaces, Je me plaque sur les grillages, Je m'accroche aux roches. J'effraie ceux qui passent. Je retrouve ma bande de fous volants. Je connais tous les secrets des déserts égyptiens. Je voyage dans des lieux que nul ne connaît. Je m'éclate dans les vents de sable. Je me baigne dans le Nil. Je vogue sur nos deux mers. Je suis libre. Je risque de finir crucifié sur un barbelé, mais je suis fier d'être égyptien.

En France, je ne serais qu'un vulgaire sac en plastique, concurrencé par les sacs en papiers et les caddies. Ici, je règne sur les commissions, je suis le passage obligé de toutes les courses. En France, je serais stigmatisé comme fauteur de troubles écologiques. Ici, je fais partie du paysage. En France, on s'ingénierait à me traquer, m'éliminer, me recycler. Ici je suis l'incarnation moderne de l'éternité égyptienne. Sac en plastique, j'ai de la chance d'être égyptien[1].

L'homme qui s'appelle « Ma patience »

Son magasin est assez atypique. Les objets entassés de façon régulière et répétitive évoquent plus un entrepôt qu'un magasin. Les prix, soigneusement marqués sur chacun des produits, détonnent dans un pays où tout se négocie et rien ne s'affiche. Lui aussi, avec sa barbe grise et sa casquette, fait plus penser à un marin breton qu'à un marchand de souvenirs. On vient pour acheter la croix d'Égypte - « *Certains disent, Monsieur, que c'est la croix copte, il n'en est rien, elle est bien antérieure au christianisme* » -. Il parle d'Hérodote et de son « *Le Nil a donné l'Égypte* » et l'on passe à Victor Hugo. Deux jours après, nous avons droit à un poème de Baudelaire. Ce septuagénaire qui nous offre des petits cadeaux dont la valeur est décuplée par ses commentaires, est un ancien élève des Jésuites et fier de l'être. Il s'appelle Sabry. Pourquoi ? Son père (dans l'histoire il n'y a pas de mère) n'arrêtait pas de perdre des nourrissons et de gâcher ainsi les prénoms qu'il leur avait donnés; lorsqu'il naît, son père décide de ne pas lui attribuer de nom, de peur, sans doute, de gaspiller à nouveau un prénom. Lorsque le bébé atteint trois mois et semble décidé à vivre, son père l'appelle alors « Sabry » c'est-à-dire « ma patience ».

Pagnol à Garden City

C'est non sans une certaine curiosité que j'assiste au premier Conseil de surveillance de notre université. Si l'on passe vite sur ceux du deuxième rang, la cerbère du pha-

---

[1] Source de l'expression: dans « *J'aurais voulu être égyptien* » petit livre critique de l'Égypte par un amoureux de son pays, Alaa El Aswany reprend la célèbre citation de Mustapha Kamel « *Si je n'étais pas né égyptien, j'aurais voulu être égyptien* »

raon et notre responsable financier, - jeune qui appartient à la minorité catholique -, les participants sont d'un âge plutôt mûr. Au premier rang, toute la fine fleur de la francophonie, des anciens des « jésuites », Maher, ancien ministre des affaires étrangères, Ali le patron de Smart Village la cité High-tech du Caire au français et à l'intelligence redoutables, Raouf avec sa petite moustache et son accent français, un autre qui dort un peu, Danish dont on se demande avec son teint et sa langue s'il est vraiment égyptien. Tous harcèlent de questions notre pharaon, sous les yeux des Français, le Conseiller ébahi, Vincenzo, un italien patron d'Alcatel Égypte qui représente le patronat français, et qui semble avoir pris 40 kilos depuis qu'il a appris qu'Alcatel avait perdu 4 milliards de dollars, et moi. La corrida dure plus de deux heures et notre pharaon a le don de toujours répondre « non ! » et d'engueuler ses détracteurs. Je le trouve en très mauvaise posture et me demande comment il va pouvoir s'en sortir. En fait, cela finit très simplement : aucune décision n'est prise et tous chargent le président de faire au mieux. Cela fait près de dix ans que cela dure avec les mêmes acteurs, avec quelquefois des rôles qui changent, le pharaon étant passé du rôle d'accusateur au rôle d'accusé. J'ai l'impression d'avoir assisté à la nième partie de carte de Pagnol où les amis, se retrouvent, se chamaillent, se brouillent et s'amusent, pour un moment hors du temps.

Gays

Une soirée originale où elle, la trentaine, fait une recherche sur la communauté gay au Caire, et, lui, sans rapport avec la première, artiste, semble très bien informé sur la vie underground de la métropole. Alors que j'évoque Alaa El Aswani qui, dans l'*Immeuble Yacoubian*, lève le voile sur des pratiques homosexuelles qui sont censées ne pas exister en pays islamique, elle critique l'écrivain qui ne sort pas des stéréotypes égyptiens sur les gays : l'homo vient de Nubie, et il a eu une expérience de viol dans son enfance. Dans ses enquêtes, elle n'a rencontré que des gays cairotes pur sucre qui n'ont jamais eu de trauma sexuels. Surtout, on nous éclaire sur la politique en la matière : au moment même où l'on ferme 350 bains maures pour cause d'homosexualité de pauvres, sous la pression d'organisations internationales gays, le pouvoir allège la répression pénale des gays, riches ou étrangers. Tout est possible dans ce pays ; il faut se cacher, tout existe, il faut des codes pour entrer, et on le paie de schizophrénie.

Malvenue en pays islamique

Française, depuis des lustres, professeure de français au collège Jean de la Salle, elle m'a collé des frissons. Les pratiques religieuses se développent chez les musulmans comme chez les chrétiens, les tensions s'accentuent, y compris dans son collège où cohabitent les deux communautés. Les musulmans se sentent persécutés ; et l'absence de règlement du conflit israélo-palestinien ne peut que renforcer cette paranoïa. Elle me raconte qu'elle a parlé avec ses élèves de la bombe qui a tué la jeune Française. Un de ces élèves approuve l'attentat. A l'enseignante qui tente de créer de la sympathie à l'égard de la victime qui avait 17 ans comme lui, il répond : « *Elle n'avait rien à faire dans un pays islamique* ». Cet élève occidentalophobe appartient aux couches supérieures, il est élève d'un collège francophone tenu par des religieux catholiques !

Inch'Allah

Inch'Allah est une belle formule. « *J'espère que notre coopération va bien fonctionner, Inch'Allah* ». « *J'espère que nous nous reverrons bientôt, Inch'Allah* ». Cet Inch'Allah là, dans une situation d'incertitude, est lucide et réconfortant, on se demande de quoi sera fait notre avenir, on s'en remet à la Providence que l'on appelle Dieu.[1]

Mais *Inch'Allah* peut être plus fort. C'est ainsi que Myriam, la jolie assistante aux yeux de braise revient de France avec un sujet de thèse ; elle est ravie et formelle : c'est Dieu qui en a voulu ainsi[2].

Un autre *Inch'Allah* me surprend, celui d'Ibrahim, le chauffeur élégant qui n'est plus kamikaze mais qui a toujours une préférence pour les chemins détournés, pleins d'immondices et de poussière. Lorsque je le quitte le soir et lui donne rendez-vous le lendemain, il me répond invariablement « *Inch'Allah* ». Je m'interroge sur cet « *Inch'Allah* » là. Est ce que cela veut dire que la volonté de dieu est plus importante que sa volonté propre ? Est-ce que je dois comprendre que, s'il arrive en retard comme cela lui arrive assez souvent, c'est la volonté de Dieu et non sa faute ? Je suis un peu inquiet que Dieu soit en charge de tous les Ibrahim.

Le regard

Je me pose la question de base de l'observateur : « *D'où je parle ? Que vois-je ?* ». La question du regard est permanente pour moi depuis que je suis en Égypte. En France, je ne me pose pas la question. Sauf quand je reviens de l'étranger, sauf quand je vois la France de l'extérieur. Ici je ne peux esquiver l'interrogation. Qui voit quoi ? Que voit le touriste ? L'expatrié ? D'où vient mon regard sur l'Égypte, sur le monde arabo-musulman ? Comment se construit, comment construire le regard de l'étranger en Égypte ? Dans mon idéalisme naturel et mes illusions, je voudrais me construire un regard juste. Au-delà du regard du touriste, fut-il routard, regard qui se doit d'associer curiosité (*je m'intéresse au pays*), sympathie (*je*

---

[1] La version sud-américaine est « *Si Dios quiere* ».
[2] J'apprends plus tard que Myriam est copte !

m'intéresse aux gens) et compassion (*pauvres pauvres*). Quand on séjourne, on ne se contente plus des généralisations - du touriste que je fus - sur un peuple, tirées de la rencontre avec trois chauffeurs de taxi, deux marchands de souvenir, quatre serveurs et un intellectuel. Un autre regard aussi que celui de certains expatriés qui sont dans leur bulle ou qui font des bulles. Le relativisme culturel (« *A chacun sa vérité* » de Pirandello et mon père) est tentant mais dangereux. Je rejette aussi la culpabilité, elle aussi imposée, d'une histoire coloniale, dont je ne me sens, ni responsable ni héritier, qui expliquerait tout et justifierait beaucoup. Comment ne pas tomber dans la tentation du sentiment de la supériorité du cartésianisme, d'un fond de droits de l'homme universels, du modèle de la laïcité et de l'attachement à une certaine forme d'efficacité ?

Economie politique

Sur Manial, une île au centre du Caire, le Nilomètre. A quoi servait-il ? A définir le niveau des impôts. Les paysans n'étaient solvables que si leurs récoltes bénéficiaient des crues charriant eau et alluvions. En effet, on peut reformuler la phrase de Turgot : « *Trop peu d'eau tue l'impôt* ».

En matière démographique, au puritanisme de Malthus, les Égyptiens s'inspirent la formule de Jean Bodin : « *Il n'est de richesse que d'hommes* », pauvres !

La valeur d'usage, chère à Adam Smith prend, dans ce pays de rafistolage et de bouts de ficelle, tout son sens. A l'inverse de ce qui se passe dans les pays développés, ici, les objets abimés, amputés, cassés, ont une valeur d'usage et les Égyptiens mettent beaucoup d'ingéniosité et de talent pour les rendre à nouveau utiles.

En rupture avec le libéralisme économique, le socialisme nassérien avait bloqué les loyers, pour limiter les droits des propriétaires et protéger les locataires. D'où les effets pervers classiques. Les propriétaires, leurs revenus plombés par l'inflation, n'ont, ni les moyens, ni la motivation, pour entretenir leur patrimoine ; les locataires, de leur côté, qui bénéficient de loyers incroyablement bas, ont toujours la possibilité de sous-louer à des prix de marché et de prélever une rente qu'ils n'ont pas intérêt à investir. Ce qui donne aux vieux immeubles du Caire un air charmant, vieillot, suranné et décadent !

La relation salaire-travail est assez souple dans la culture égyptienne. Ici pas de relation directe, ni dans un sens, ni dans l'autre, entre la qualité, l'utilité du travail et le salaire ! La rémunération est liée à un poste, indépendamment de tout travail, de toute utilité. Le salaire est, en fait, une rente. Une illustration est fournie par les placiers informels qui règnent sur tous les lieux de stationnement public. Ils vous repèrent de loin, vous invitent par leur gesticulation à prendre une place de stationnement, vous guident, eux qui, sans doute, n'ont jamais conduit de voiture, comme si c'était le premier créneau de votre vie. Lorsque vous repartez, ils vous aident à nouveau et tendent la main pour recevoir une rémunération, qui ne correspond à aucun travail utile.

Rentes de propriétaires, rentes de titulaires d'un poste, rente pharaonique, rente pétrolière, rente du Canal de Suez : Ricardo, le théoricien de la rente, règne en maître.

Pyramides et carcasses (mai 2009)

L'Égypte représente une certaine forme de douceur de vivre, douceur du climat, du moins en hiver, mais, en été, on se réfugiera dans les verdeurs de la France.

La mer « Rouge » est transparente, bleue, verte, turquoise (je ne sais pas si cet adjectif est politiquement correct dans ce pays qui ne garde pas un bon souvenir de la domination ottomane), pleine de coraux multicolores, en bouquets, en plis, de poissons déguisés, grimés, rieurs ou incongrus. Le désert est multiple, dans ses couleurs comme dans ses lumières et dans ses formes, dunes de sable soyeux, rocs, terres, montagnes, cailloux, sacs en plastiques. La ville, bien que poussiéreuse et sale, est fascinante par son grouillement, ses lumières blafardes, et l'impression que l'on peut s'y fondre, sûr, anonyme, ignoré, avalé. Le patrimoine historique, bien sûr, patrimoine pharaonique patrimoine fatimide.. Et puis cette gentillesse qui frappe le passant : il est très facile de décrocher un sourire, un signe de la main, quelques mots aimables …

Mais cette forme de proximité ne résiste pas à la vision de l'expatrié. Ce qui est difficile ici, c'est la société égyptienne. Dans mon quotidien de travail, mon désir de m'adapter au contexte culturel, cale devant l'absence de concertation, d'anticipation, de programmation.

La circulation est d'une violence inouïe. Sur la route que j'emprunte tous les jours et sur laquelle Mahnaz et Pierre étaient ce jour là, un poids lourd, très lourd, ne s'est pas arrêté devant un embouteillage, pliant, froissant de multiples véhicules les transformant en chiffons de fer, et emportant des dizaines de pauvres bougres au paradis, ou ailleurs, et une soixantaine d'autres à l'hôpital. Le jour même, les automobilistes témoins de ces débris conduisent comme si rien n'était.

Je supporte de moins en moins cet *Inch Allah* qui substitue à la liberté de l'homme, à sa responsabilité, une soi-disant volonté divine. Existe-t-il un Dieu qui « veut » vraiment ça ?[1]

---

[1] Deux ans plus tard, je fais le raisonnement inverse et aboutis à un sophisme. Devant nous, une voiture zigzague, slalome à toute vitesse. L'accident est inévitable. Pourtant, il n'a pas lieu. C'est un « miracle ». Comment expliquer ce miracle, si ce n'est pas la volonté di-

Journal d'une femme de ménage

Réda, une quarantaine qui ne lui a pas donné de hanches disproportionnées, un visage plutôt allongé et des yeux clairs, assez rares en Égypte, le plus souvent, elle porte à la maison le foulard et, ceci, indépendamment de ma présence ou de mon absence. Elle porte sur son Égypte un regard lucide.

Reproche de sa mère : « *Pourquoi n'as-tu que trois enfants alors que tes sœurs en ont neuf et onze ?* ».

Réda, analphabète : « *Envoyer ses enfants à l'université coûte cher et il vaut mieux donc avoir peu d'enfants.* »

La mère : « *Pourquoi envoyer tes enfants à l'université alors qu'il existe de multiples emplois de baouabs ?* »

Réda : « *Si tout le monde est baouab, le jour où les baouabs seront malades il n'y aura personne pour les soigner* » réplique Réda, pleine de bons sens.[1]

Entre nous et notre propriétaire, elle a choisi son camp et ne recule devant aucun mensonge pour défendre notre cause. Si la propriétaire demande aux *baouabs* de faire visiter l'appartement à des locataires potentiels, il suffira, selon elle, de leur donner 100 livres à chacun pour qu'ils lui disent que personne n'est intéressé sauf un israélien (sic), qui veut payer la moitié de ce que nous payons. Elle a eu une longue conversation au téléphone avec la propriétaire, jurant qu'elle ne dira rien de cette conversation, que ce qu'elle dit c'est, ni pour ses employeurs, ni pour la propriétaire mais pour le bon dieu, que ses patrons ont visité de multiples appartements et qu'ils sont décidés à partir et que la propriétaire devrait essayer de les retenir par un loyer plus faible.

---

vine ? Mais si, a contrario, l'accident à eu lieu, n'est ce pas l'œuvre de la main de Dieu dans la vie des hommes ?

[1] Plus tard elle, expliquera qu'elle a résisté à sa mère qui lui demandait de faire exciser ses filles.

Latence (18 mois avant la révolution)

Tous, qu'il s'agisse du jeune magistrat francophone, de mon pharaon saint-simonien formé par les jésuites et mai 68, mais égyptien jusqu'au bout des ongles, ou du dominicain belge de l'Institut Dominicain d'Etudes Orientales ici depuis plusieurs décennies, grand spécialiste de l'Islam égyptien, tous ont le même discours. L'Égypte dort, l'Égypte attend, elle ne sait pas ce qu'elle attend, mais elle attend. Elle est grosse de changements, mais elle ne sait pas ce qu'elle va enfanter. Cette latence est lourde de sens. Le présent n'est pas satisfaisant, le présent n'est pas durable, mais on ne sait pas de quoi l'avenir sera fait. Pas d'utopie, pas de projet. L'agenda politique n'y est pas pour rien. Sauf volonté divine - qu'il ne faut jamais exclure - l'octogénaire qui gouverne n'est pas éternel. Mais la succession est bourrée d'interrogations. Non seulement on ne sait pas qui va lui succéder, mais on ne sait pas comment va se passer le processus de transition. Surtout, il n'existe ni alternative ni perspective d'alternance. Le fatalisme et l'absence de vie démocratique se conjuguent pour nourrir ce sentiment, dangereux, de latence.

Quel lien social ?

Curieux lien social ; des solidarités, des confiances inconnues chez nous, des égoïsmes des méfiances, elles-aussi, inconnues.

D'un côté, dans les minibus qui courent dans tous les sens, quel que soit le trajet, le prix est le même, 50 piastres (7 centimes d'euro). Pas de ticket, pas de contrôle, le passager qui monte dans le minibus fait passer son billet, qui circule de main en main jusqu'au chauffeur ; personne ne resquille, personne n'intercepte le billet. Un employé d'une entreprise de service de l'université est victime d'un accident. Son opération coute 2500€, il a un petit salaire (autour de 60 euros) et n'a pas de couverture sociale. Une quête est organisée et je suis invité à donner.

D'un autre côté. Dans un carrefour très fréquenté, un motard tombe, heurté par une voiture. L'automobiliste fuit devant de nombreux témoins qui ne bronchent pas. La fuite n'est pas un délit. Dans notre immeuble, pourtant cossu, une femme, à l'étage au dessous, hurle fréquemment, - épouse battue, domestique martyrisée, nous ne le saurons sans doute jamais. Tous nous disent de ne surtout pas intervenir.

L'archéologue et la mère nourricière

Il a insisté pour que l'on vienne chez Lui. C'est une véritable expédition. Comme partout à Sakkarah, on longe un canal du Nil plein d'immondices, mais on rencontre aussi un petit groupe de femmes inactives - ce que l'on voit rarement - qui devisent gaiement, assises sur le bord de la route. Après avoir traversé un pont, à peine plus large que la voiture, nous arrivons dans maison modeste mais magnifiquement placée, juste à la limite de la plaine et du désert. Derrière, la plaine du Nil fertile, intensivement travaillée, cultivée, d'immenses palmiers ; devant, le désert, le site archéologique. Il se soucie de sa fille et regrette que sa femme, concertiste chinoise, ne soit pas parmi nous. Mais son esprit est totalement pris par Elle. Par Maya. En fait, Il a fait construire cette jolie maison blanche à 200 mètres de Sa dernière demeure. Le petit espace sur lequel nous prenons le goûter est totalement orienté vers Elle. Malheureusement, un mur désormais les sépare, Elle et lui. On comprend sa passion lorsque l'on découvre qu'Elle a un visage parfait, le profil finement ciselé. Il est fasciné par sa beauté mais surtout par ses mystères. Les femmes mystérieuses font naître les plus grandes passions. Lui, c'est Alain Zivie, archéologue français, il se donne encore du temps pour percer le mystère de sa passion. Elle c'est Maya. Qui est Maya ? Celle dont il a découvert la tombe à 200 mètres de sa maison, est sûrement la mère nourricière de Toutankhamon. Mais, peut être, est-Elle plus. Sa mère ? Sur la fresque qu'il a mise à jour, le jeune prince tend vers le ventre de Maya la clef du Nil, la clef de vie.

Flamboyants et Obama (juin 2009)

Mounir et l'oasis

Egyptien sexagénaire élégant et séduisant, ce qui n'est pas fréquent, les yeux bleus pétillants, il a voulu nous rencontrer. « Son » oasis, Siwa, 25 000 habitants, fameuse, est menacée par les forages. Alors que, le pompage de l'eau par les paysans depuis des millénaires participe à un équilibre écologique, les nouveaux forages du gouvernement, à une profondeur de 100 mètres, menacent l'existence même de l'oasis qui risque de disparaître comme bien d'autres. Il a besoin de notre université, pour faire un programme de recherche sur les risques encourus et sur les moyens de sauver l'oasis, ses hommes, ses coutumes, sa culture. Lui, le chef d'entreprise ne peut pas tout seul. Il se méfie des ONG européennes dont les fonds partent en expertises diverses au détriment du financement des actions de terrain ; il se méfie aussi des journalistes de *Des racines et des ailes*.

Fasciné par le personnage, je l'interroge sur son itinéraire. Après un doctorat de sciences aux États-Unis, il « *ne voulait pas travailler pour Monsanto* » et s'est reconverti dans le traitement des déchets au début des années 80. Il dit qu'il a rencontré Sœur Emmanuelle et soutenu avec elle les « chiffonniers du Caire » (les *zabalines*), qu'il a rencontré Younes et lancé toute la micro-finance en Égypte. Et maintenant il veut travailler avec nous et la Bibliothéca Alexandrina.

Eléments de langage

Je m'initie aux procédures et au langage du ministère des affaires « étrangères ». Nettement plus ringard mais beaucoup moins triste que le vocabulaire de mon ministère d'origine, envahi de sigles abscons, LRU, UFR sans oublier le SUMPPS. Ici on distingue ceux qui officient dans la métropole, on dit le « département » et ceux qui sont sur place, c'est le « poste ». La communication se fait par « télégramme » diplomatique (UN TÉLÉGRAMME DIPLOMATIQUE EST AUTOMATIQUEMENT ET SYSTÉMATIQUEMENT ÉCRIT EN LETTRES MAJUSCULES), ce qui, concrètement, veut dire internet, ou par « valise » diplomatique, c'est-à-dire par courrier exprès. Une partie de l'activité consiste à écrire des « éléments de langage » pour ministres et autres qui ont du mal à s'exprimer sur certains sujets. A l'ambassade, où distingue la « résidence » - pour ne pas dire logement de fonction - où résident l'ambassadeur et, à l'occasion, des hôtes illustres, et où il reçoit pour des petits dîners et la « chancellerie » où, lui et ses collaborateurs, travaillent. Clairement l'ambassade a deux fonctions, une fonction d'hôtellerie et une fonction de travail. Parmi les collaborateurs, il ne faut pas confondre le « premier conseiller » qui est le second de l'ambassadeur, et le « premier secrétaire » qui, comme le meuble du même nom, garde les secrets : c'est lui qui est en charge du renseignement. J'ai aussi découvert un statut matrimonial que j'ignorais, les « célibataires géographiques temporaires» (CGT) qui sont en fait mariés mais loin de leur conjoint.

Vulgarité des mots et grandeur de la mise en scène.

Egyptienne à l'air un peu hommasse, elle vit avec ses chiens, ses chats et ses bufflesses. Elle est connue pour sa très grande culture, sa manière d'apprécier les vins français et son franc-parler français quelquefois un peu vulgaire. « *Enculés* », les dirigeants actuels (l'expression est beaucoup plus violente en Égypte qu'en France parce que cela renvoie à des pratiques, bien évidemment, rarissimes sous ces cieux), *enculé* Sadate et elle a fait éclater sa joie lorsqu'il a été assassiné, *enculé* Nasser dont la soi-disant révolution a tué toute la vie intellectuelle en Égypte. Invitée à la maison, elle demande à une femme voilée, professeur à l'université, pourquoi elle met un « torchon » sur la tête alors que le Coran dit que le meilleur vêtement est la vertu ! *Enculés* aussi les producteurs de cinéma égyptiens qui ne veulent que du sexe et de la violence alors que, elle, Asmaa El Bakry, elle veut bien parler de ça entre amis mais, dans son métier, ancienne assistante de Shahine, metteur en scène de *Mendiants et orgueilleux* de Cossery et metteur en scène à l'automne dernier de *La Bohème* à l'Opéra du Caire, elle veut faire un cinéma qui élève l'âme.

Merveilleux flamboyants vermeil

Début juin, les flamboyants vermeils nous émerveillent. Tout l'hiver, ces arbres à forme de parasol coloriaient la ville de vert. Aujourd'hui, arrivent les fleurs qui se propagent. Elles envahissent l'arbre, absorbant les feuilles vertes ; les feuilles ne tombent pas, elles sont mystérieusement englouties. Le vermeil progresse au détriment du vert ; l'arbre change de couleur, branche par branche, offrant quelquefois le spectacle d'un arbre moitié vert moitié vermeil. Les fleurs se propagent aussi d'arbre en arbre, chacun à son heure, et les transforment en grosses boules rouge vermeil ; c'est flamboyant. Bientôt, vont apparaître sur les flamboyants de grosses gousses marron et plates qui ressemblent à des boomerangs et avec lesquels jouent les enfants.

Obama flamboyant
Début juin 2009, l'Amérique aussi change de couleur. Obama, le flamboyant, dont l'éloquence et la communication ravissent, arrive avec un nouveau message, accueilli très positivement ici. Profitant de son histoire personnelle, il veut sceller au Caire de nouveau rapports entre Islam et Amérique et tirer un trait sur l'ère Bush. Mais cette démarche, centrée sur l'Islam, contribue à mettre encore la religion au cœur de la politique et « *prendre les musulmans comme une entité homogène, n'est-ce pas, dans un sens inverse, une continuité avec la politique de Bush ?[..] C'est toute l'ambiguïté de ce discours, qui s'adresse à la société civile tout en ménageant les États. C'est sans doute pour cela que la référence religieuse a été tellement mise en avant, car au fond, elle est aussi une manière de ne pas poser ce problème politique.* »[1]

Retour sur la route pourpre du Caire (sept 2009)

Tendresse et dérision d'écrivains
Au mois de juin, je débarquai à l'aéroport de Paris, convié pour une réunion des « Amis » de mon université[2], le livre *J'aurais voulu être égyptien* à la main, dédicacé par son auteur Alaa, El Aswani (*L'immeuble Yacoubian*) quelques semaines plus tôt. A la livraison des bagages, mon pharaon me présente au romancier, passager, lui-aussi, du même avion. Je le trouve extrêmement chaleureux, plus grand et plus jeune que je croyais. Nous évoquons ensemble les critiques qui lui sont faites de peindre en noir son peuple et il se défend en disant qu'il y a un droit à la fiction et que Balzac lui aussi peignait des per-

---
[1] Gilles Kepel, *Le Monde* 5 juin 2009.
[2] Amis qui se réunissent dans la bibliothèque superbe, vestige de la colonisation économique, de l'ancienne Compagnie de Suez, moi qui vient de la route de Suez, je suis à peine dépaysé.

sonnages caricaturaux. « *Il y a longtemps que je me pose la question suivante : qu'est ce qui pousse un lecteur intelligent et cultivé à considérer que le comportement d'un personnage littéraire dans une histoire imaginaire vise à offenser la religion ou un groupe social ?* »[1].

Plus tard, je lis *Chicago,* qui est extraordinaire et terrible dans sa peinture du conservatisme culturel et de son articulation avec le pouvoir politique en place. Il y a du David Lodge dans cette peinture du microcosme égyptien sur un campus américain avec ses personnalités, ses rivalités idéologiques et universitaires, ses histoires d'amours et ses vies qui se croisent. Il y a du Kundera aussi dans ces êtres écrasés dont les destins, ballotés par un système vicieux et des choix absurdes, sont tragiques.

De retour au Caire, je vais à une séance de dédicace d'un autre auteur, *Khaled al Khamissi,* dont *Taxi* vient être traduit en français. A travers des dialogues avec des chauffeurs de taxi cairotes, il peint son peuple dans une période de stress et de dépression ; il décrit un peuple égyptien, écrasé par la pauvreté, empreint de fatalisme mais plein d'humour. Lors de la dédicace, il nous apprend qu'en Égypte la censure, terrible pour ce qui est film ou TV, est inexistante pour les livres, les dirigeants pensant que ce peuple, inculte, ne peut être influencé par des livres !

Alex

Juillet 2009. Huit heures du matin. Alexandrie. Je roule sur la corniche interminable et bleue d'Alex, les fenêtres de la voiture laissent passer une douce fraîcheur, je suis enveloppé dans la *Missa Sancti* de Haydn. Avant d'aller visiter Qat Bay avec Jean-Yves Empereur, découvreur de l'Alexandrie antique sous-marine, un petit tour sur le marché aux poissons qui grouille d'hommes - quelques femmes aussi - et qui regorge de toutes sortes de poissons

---

[1] Alaa El Aswany, *J'aurais voulu être égyptien,* Acte sud 2010.

et de crustacés : crabes, crevettes, langoustines, raies, rougets, rougets à moustache, anguilles blanches et tous ceux que je n'arrive pas à mémoriser. Des chats rodent en quête de nourriture. C'est la fin du marché mais il respire encore la mer, la fraîcheur -malgré l'odeur pestilentielle -, la richesse (?), la suractivité.

Quel plaisir de visiter le fort d'Alexandrie avec Jean-Yves Empereur. Bien que, grâce à ses découvertes dans les fonds marins d'Alexandrie, il soit le plus médiatique des égyptologues français, il est d'une modestie et d'une simplicité extraordinaires ; il a passé l'essentiel de son temps à nous exposer les découvertes des autres ; il a fait défiler devant nous 4000 d'histoire avec les pharaons, le Phare, Alexandre, ses successeurs qui sont venus l'honorer (« *C'est pourquoi je suis sûr que le corps d'Alexandre est ici mais il n'a pas encore été découvert* »), Bonaparte, Mohamed Ali.

Tout de même, il garde pour la fin la présentation de ses découvertes et nous conduit sur une terrasse qui donne sur la mer. Je croyais que nous allions voir un musée sous-marin ou bien ces statues de pharaons et de sphinx récemment émergées. Il nous fait un admirable exposé avec, pour toute illustration, un morceau de mer bleu, à nos pieds. Cela m'était déjà arrivé il y a quelques années à Port-Royal des Champs où il n'y a strictement rien à voir, si ce n'est des pierres qui affleurent, et la guide nous avait enchantés pendant plus d'une heure par son discours sur les combats des jansénistes. Jean-Yves Empereur procède de même et fait revivre l'Égypte ancienne en s'accompagnant d'un large geste du bras vers une mer azur qui ne dévoile aucun de ses secrets engloutis.

Au retour d'Alexandrie, dans la voiture que je conduis, nous sommes quatre Français. J'amorce la conversation en disant combien me manquent la fraîcheur, l'odeur des torrents du Lot et la charcuterie. Nous voilà bientôt plongés dans les délices du dépeçage du petit cochon noir semi sauvage et l'habileté que requiert sa castration, dont Fabien, collègue mathématicien corse, est un spécialiste.

Paranoïa cairote retrouvée (automne 2009)

Retour au Caire après un été français. Je retrouve mon désert biquotidien. Désert de sable sale, de terre, de gravats, de plastiques, de pylônes ; désert en faux-semblant avec ses villes, plus ou moins lointaines, posées comme des décors. Avec la famille, les enfants, les petits fils, ma maison, les balades dans les torrents, les cochonnailles, le fromage, le vin français, j'avais repris une pêche d'enfer. Cela a fondu comme neige dans le désert égyptien.

J'ai retrouvé, identiques à eux-mêmes, le Pharaon et le Conseiller. Ma paranoïa cairote vit un renouveau. Au bout d'un an, je réalise que je suis surveillé à l'université : le portier note mes arrivées et mes départs, le chauffeur rend compte de mes allers et venues, la cerbère a accès à ma boite mail et a l'art de me demander naïvement à qui j'écris, qui je reçois, où je suis allé.

De son côté, le Conseiller en a rajouté une couche de cynisme. Ce blond aux yeux bleus, toujours souriant, toujours prêt à rire des bonnes blagues, surtout les siennes, a l'allure d'un ange, plutôt genre ange-exterminateur. Il faut dire qu'il a une mission ; en fait, je ne sais pas très bien qui lui a confié cette mission, si c'est le grand prêtre *Hergé pépé* (RGPP Révision Générale des Politiques publiques). Spirituel, ironique, sarcastique, il a l'art de vous rendre complice et de vous associer à sa pensée, par ses formules, ses plaisanteries, jusqu'au moment où vous avez l'impression d'être piégé comme futur nouvel objet de son ironie. Il ébauche ainsi toute une théorie : « *Vivement que l'on se retire d'Égypte [..]. Il vaut mieux des volontaires internationaux que des universitaires.*», ce qui signifie que les universitaires français sont inutiles. « *Vous avez vu comme le président vous traite, vous, professeur d'université [..]. Cela peut avoir son charme d'être le boy des anciens colonisés mais cela a ses limites. [..].« X.* (universitaire opéré pour la troisième fois d'un cancer) *a plus de pièces détachés que de pièces d'origine, j'ai rendu son poste »*. L'Ange-exterminateur invente une nouvelle théorie de régulation financière et de gestion de la fonction publique qui prend différentes formulations. La première *« Le coopérant français est propriétaire de son poste ; s'il déclare être inutile, il faut supprimer son poste »* ; elle est assez facilement étendue à la deuxième proposition *« Si le coopérant français n'est pas bon, il faut supprimer son poste »*. On devrait étendre la proposition et supprimer tout poste qui est mal occupé. Il y a longtemps qu'il n'y aurait plus de fonctionnaires.. ni d'emploi tout court.. ni de Conseiller.

Auto récit
Je fonce, je me fais peur, je me faufile, je slalome, je fais du gymkhana, je pile. Avec les autres, on joue, on s'ignore, on se jauge, on se défie, on s'intimide, on se menace, on se frôle, on se bouscule. Quelquefois on se plante. Individualiste, casse-cou, fataliste, je suis profondément égyptienne.

Pourtant j'abrite une situation exceptionnelle, c'est sous mon toit et mon toit seul que les femmes, inconscientes et agressives sont les égales des hommes.

Que je serais malheureuse sur les routes de France ! Comme l'a dit le nationaliste égyptien francophone, Mustapha Kamel *« Si je n'étais pas né égyptien, j'aurais voulu être égyptien »*

Vertige de la route
La route, la fameuse route, est souvent concrète, terriblement concrète, dévoilant, dans l'accident, la vraie na-

ture des choses : les voitures redeviennent ferraille, plastiques et objets personnels, les hommes de pauvres et vulnérables êtres de chair recouverts de tristes textiles. Mais quelquefois, la route quitte sa matérialité quotidienne, elle devient abstraite, irréelle, ludique. Les voitures défoncées acquièrent l'esthétique des objets de Beaubourg, l'esthétique de la guerre, de l'horreur, de l'absurde.

Ce jour là, c'est ramadan, Ibrahim est malade, je conduis ; c'est le ramadan, mais je ne suis pas abruti par les manques d'eau ni de sucre. Il fait chaud mais le soleil ne m'étourdit pas. Je ne suis ivre, ni de vin, ni de narguilé. Pourtant l'absence de règles, de code d'utilisation de la route, les comportements fous, me libèrent brutalement, j'ai l'impression d'être dans une course automobile, dans un rallye, dans un immense jeu électronique, je me mets à ignorer les règles, à oublier les dangers, je suis pris par cette folie collective... Heureusement, assez vite, la bulle éclate et je reprends mes sens.

Un voisin français est allé encore plus loin dans la conduite virtuelle. En ville, il a voulu coincer une vieille Peugeot qui avait eu l'audace d'accrocher légèrement son 4x4 ; un minibus est entré violemment dans la voiture coupable. Le Français est content puisque l'autre est puni, il ne s'est pas arrêté, ne sait même pas ce qu'il est advenu des passagers du minibus, victimes collatérales de cette terrible loi du talion. On est dans l'odieux, l'insupportable, permis par l'impunité, l'absence de règles et de repères moraux !

Retour du ramadan

Assez naturellement, l'année dernière, pour moi, le ramadan faisait partie d'un non-dit, de l'intimité de chacun et, par pudeur, par respect des autres, je n'en parlais pas. Je découvre cette année une évidence, la dimension sociale, collective - voire exclusivement collective - du ramadan. Quand on rencontre un musulman on dit *Ramadan Karim*, « Joyeux ramadan » (plus exactement « Généreux Ramadan ») de la même manière que les Égyptiens nous adressent un *Joyeux Noël*. Je réalise aussi que les Égyptiens se prêtent très volontiers à parler de leur jeûne, de leur rythme de vie, des moments où ils mangent, de leurs insomnies, de leur fatigue. Et je suis même le confident de leur contournement : « *Je ne fais pas le ramadan tout le mois ; c'est-à-dire je ne le fais pas tous les jours, mais mon mari ne le sait pas* ».

Le ramadan est un rythme, il épouse le rythme à deux temps des jeûnes : abstinence et recueillement, suivi de joie et fête. Ce tempo chez les catholiques s'étale sur les quarante jours de carême et le point d'orgue de la contrition, le vendredi saint, débouche sur la joie et la fête de Pâques et l'agneau pascal. Dans l'Islam, tout particulièrement en Égypte, ce rythme est un rythme journalier. Le ramadan est ainsi, à la fois, une grande période d'abstinence et une grande période de joie, de partage et de fête. Les dépenses alimentaires sont de 80% supérieures à la normale pendant la période de jeûne !

Pendant des semaines, le ramadan rythme la vie, la vie des individus, la vie des musulmans, mais aussi la vie des autres, la vie de la ville, qui semble devenir un énorme être évoluant au cours de la journée. Le Caire qui, d'ordinaire, grouille continument des mêmes bruits, des mêmes mouvements, du même désordre, cette ville sans heures, - on est toujours pressé et le plus souvent en retard, on déjeune à pas d'heures -, cette ville entière adopte des temps très différents.

La métropole se réveille plus tard ; le matin, plus lente, elle a le teint blafard, l'allure hagarde, l'air absent ; elle a la gueule de bois de ceux qui ont mal dormi, mal mangé, trop et pas assez mangé. Elle entre progressivement dans une journée différente, elle est plus lente dans ses gestes, sauf sur la route ; l'après-midi, plus l'heure fatidique approche, plus elle devient fébrile, elle est pressée, sourde aux autres, déboussolée, elle court dans tous les sens. Ensuite un incroyable silence tombe, l'immense animal se retire pour se recueillir, prier, se reposer, manger. Un peu plus tard, la bête explose de lumières, de mouvements, de gaités.

Cris et silences persans [1]

Alexandrie, juillet, conférence des recteurs du Moyen-Orient, un siège, un seul, celui qui est à ma gauche, est vide, c'est celui du représentant de l'université de Téhéran. Un vide lourd.

Août, un diner rassemble la diaspora iranienne du Caire, formée d'un groupe d'iraniennes et de leurs cosmopolites maris, dont je fais partie en tant que mari consort. Mais la « révolution iranienne » est passée par là. Les dis-

---

[1] 2009, émeutes sanglantes en Iran près la réélection truquée de Ahmadinejad.

parus, les morts prennent des visages. Le frère d'une des iraniennes, qui est mariée au conseiller culturel autrichien, a été déclaré disparu puis mort ; les autorités veulent faire signer aux parents un papier selon lequel il est, contre toute évidence, mort d'un accident d'autobus, elles menacent le père de s'

en prendre à un autre fils s'il dépose une plainte.

A l'entrée sur le territoire iranien, la police inspecte les ordinateurs pour identifier les réseaux des iraniens à travers leur *face book*. Il paraît que des prédicateurs dans les mosquées exhortent la population à violer les jeunes femmes protestataires avant de les tuer, parce que l'on ne peut tuer les vierges.

Le conseiller autrichien commente son récit « *C'est comme il y a 70 ans dans mon pays. Au temps des nazis. Il faut en parler. Il ne faut pas comme pour Auschwitz que l'on puisse dire « Je n'étais pas au courant, on ne me l'a jamais dit »* ». Se joint à notre dialogue un iranien, jeune cadre dynamique de Schlumberger, qui revient d'Iran où il va fréquemment, et tente de nous rassurer *Tout est calme, tout est rentré dans l'ordre. Tout est normal.* Nous comprenons bien *Tout est normalisé.* Un ange, noir, passe.

Retour de l'automne

Plume optimiste

J'ai tendance à donner une sombre peinture de notre séjour en Égypte. Il est vrai qu'il est plus facile d'utiliser le ton de la découverte, de l'étonnement, de l'ironie, de la critique, de la dérision, de l'indignation, de la tristesse que celui de la béatitude, de la narration d'une forme de bonheur. Je vais néanmoins m'y essayer.

Les Égyptiens sont, de façon générale, gais, souriants, chaleureux et souvent joueurs. Mes étudiants, toujours prêts à rire, m'abordent, chaque fois, avec gaité et d'affection. Le visage des Égyptiens de la rue, des hommes évidemment, s'illumine, lorsqu'on leur tend la main pour leur dire au revoir.

Je ressens une joie, une fierté et une humilité à entendre des Égyptiens de toutes générations manier notre langue et notre culture avec une grande habilité. De l'admiration face à ces Égyptiens, certes d'un patriotisme suranné, qui luttent contre une Égypte rétrograde.

Je goûte le plaisir de voir notre quartier vert toute l'année avec ses arbres immenses aux espèces variées et ces fleurs, pas toujours les mêmes, illuminer à toutes les saisons les haies ou les arbres. Le plaisir de savoir le Nil majestueux couler à quelques centaines de mètres de chez nous. La légèreté que donnent cette lumière quasi permanente, ce ciel souvent bleu et cette chaleur, douce en hiver l'après-midi. La puissance sereine que l'on ressent à voir les deux grandes pyramides émerger, souvent dans une brume de poussière, au dessus des bâtiments de Giza et de savoir si proches les richesses du musée égyptien et celles de Sakkarah. La joie de retrouver l'exotisme renouvelé de la mer Rouge, du Sinaï ou du Fayoum.

Dans la rue 9, ces boutiques qui nous sont devenus familières, la verve de Sabry, l'homme aux souvenirs de littérature française, le doux accent roulant de la vieille pharmacienne copte blonde aux yeux clairs, Darwish le papetier, le coiffeur barbier qui vient de se marier, Karim le pédicure habile, Suzie la marchande de vêtements malicieuse sous son voile, le marchand de jus de fruits, l'autre papetier, le marchand de lampes, le marchand de produits de bricolage toujours prêt à nous dépanner, dans un coin juste à côté de l'endroit où Danielle, septuagénaire ancien maire adjoint de Strasbourg, fume sa chicha, la boulangerie aux pains tendres comme des brioches et encore chauds, les serveurs suffisants de la pâtisserie Kouider ...

Quel est le pays qui ?

Quel est le pays qui, face à la grippe A et, en dépit de l'absence de toute transmission du virus du porc à l'homme, abat des centaines de milliers de porc pour prévenir l'épidémie de grippe « porcine » [1]?

Quel est le pays dont aucun élève des écoles n'a été touché par la grippe, dont l'éducation des enfants est cruellement défaillante et qui ferme toutes les écoles pendant deux semaines pour éviter la propagation du virus de la grippe?

Quel est le pays qui reçoit onze millions de touristes, envoie plus de quatre millions de travailleurs émigrés dans le Golfe, a des centaines de milliers de pèlerins qui séjournent dans un des plus grands bouillons de culture du monde et qui impose aux enseignants et aux étudiants venant de l'étranger, et à eux seuls, une quarantaine ?

C'est l'Égypte, mais c'est aussi le pays, dont tous les étrangers déplorent le manque d'esprit d'entreprise, dans lequel les barrières de castes sont très fortes, et dont une équipe d'étudiants de notre université, issus des classes moyennes, vient de gagner une coupe du monde dans une compétition où il faut faire preuve de sens de l'organisation, de communication et de capacité à apporter des solutions aux problèmes des plus défavorisés ?

Des étudiants champions

Mes étudiants, nos étudiants, ont réalisé un exploit incroyable, gagner le concours SIFE (*Students In Free Enterprise*). Auparavant, après un an de contacts avec eux, je trouvais que, couvés par leur famille, ils étaient un peu immatures par rapport à nos petits Français, poussés à

---

[1] Je me suis accroché avec mon collègue franco-égyptien, musulman fervent, qui tenait à ce que, dans le journal de l'université, on qualifie la « grippe A » de « porcine » .. au prétexte de traduire l'expression anglaise « *swine flu* ».

l'autonomie et à la responsabilité par leur vie de jeunes adultes autonomes. Je les trouvais mal formés par une école où le par-cœur prime sur toute autre forme d'apprentissage. Je les trouvais prisonniers, comme le sont les Égyptiens, de leur caste et jaloux de leur rang, et peu ouverts sur les autres. En tant qu'occidental, je les trouvais peu rationnels et peu sensibles à l'efficacité.

Je me suis lourdement trompé. Le concours SIFE est, à l'origine, un concours destiné à valoriser l'entreprise comme acteur du développement global, ce qui, dans ses années de crises, ne peut que susciter interrogations, doutes ou railleries! Néanmoins, la compétition a eu lieu et, sur des projets axés sur les pauvres et l'environnement, ils ont gagné, en juillet, le championnat d'Égypte, puis à Berlin, en octobre, la coupe du monde d'une compétition dans laquelle étaient représentées 41 équipes nationales, vainqueurs d'une compétition où 1400 universités avaient participé. Ils ont gagné. Devant l'équipe des Français, minets et minettes, grandes blondes en mini-jupes, pas un asiatique, pas un noir, pas un arabe, de vrais Français quoi, issus d'une école de commerce du site, cher, et cher à Pasqua, de Léonard de Vinci à la Défense. Devant l'équipe américaine, représentants de la patrie de la libre entreprise. Devant l'équipe des chinois, grands adeptes des compétitions et des performances. Devant les étudiants du Vietnam, de Singapour, du Nigéria, d'Allemagne, du Canada qui étaient vraiment très forts.

Ils sont gagné en présentant leurs réalisations : la création de *micro business* (ateliers de couture, élevage de lapins..), l'aide à la commercialisation des dattes des bédouins d'une oasis (*Al-Bahareya*), le développement du biogaz dans une île sous-développée (*El Warraq*), la dynamisation d'un réseau de libraires-bouquinistes dans le quartier historique de *El-Azbakia*, l'aide au recyclage et à la valorisation des pailles de riz, ce qui contribue à lutter contre le fléau sanitaire du nuage noir né de la combustion des champs de paille de riz et qui pollue Le Caire. Ils ont gagné, grâce à leur excellente maîtrise de la communication dans leur troisième langue et de la gestion de projet pour aider les communautés désavantagées et protéger l'environnement naturel.

La fin d'une allégorie ?

Est-ce que c'est parce que j'ai vu moins de cadavres de voitures et d'hommes ? Est-ce parce qu'Ibrahim s'est fiancé et qu'il semble moins mettre sa virilité dans la conduite automobile ? Est-ce parce qu'il a réalisé, depuis qu'on lui a prescrit des lunettes qu'il ne porte que de façon intermittente, qu'il n'y voyait pas très bien ? Est-ce que parce que les travaux sur la route ont porté leurs fruits ? Est-ce parce que, au fond, ma peur de passager n'était que le reflet d'un mal-être ailleurs ? Et le trajet en voiture une simple allégorie : figé et recroquevillé dans ma coquille de métal et de plastique, j'étais balloté par un destin qui m'échappait ? Le fait est là, je suis moins angoissé par les trajets.

Contre-nature

Une vie sans pluie. Souvent, les nuages nous survolent, hauts et épais. Ils ne font que passer. Ils ne sont pas pour nous. Pas de pluie rafraichissante, pas de pluie frigorifiante, pas de pluie régénérante, pas de pluie nettoyante, pas de pluie attristante. Pas de pluie, pas d'égouts, pas d'essuie-glace à l'arrière de notre belle voiture.

Un automne sans feuilles mortes. Les feuilles ne jaunissent pas, ne rougissent pas, ne roussissent pas, ne brunissent pas. Elle ne s'étiolent pas, ne se recroquevillent pas. Les arbres ne perdent pas leurs feuilles. Les feuilles mortes ne se ramassent pas à la pelle.

Un fleuve sans affluent. Aucun ruisseau, aucune rivière ne se jette en Égypte dans le Nil. Le Nil fait des milliers de kilomètres sans être nourri de fraiches eaux. Le Nil est l'Égypte (Hérodote a dit « *L'Égypte est un don du Nil* ») mais il n'est fait que d'eaux africaines. En Égypte, il se divise, il se démultiplie, il distribue la richesse qu'il crée, il nourrit le canal qui alimente le Fayoum, quarante mètres au-dessous de la mer et un million d'habitants. Il se divise dans le Delta, créant une immense région, verte et fertile.

Une nature sans végétation sauvage. Ici la nature c'est, soit le désert, soit les plantations de l'homme. La seule nature sauvage est minérale, c'est le sable, la pierre, le rocher, la montagne, où rien, ou presque rien, ne pousse ; seuls des buissons isolés, un arbre incongru, des fantômes de palmiers. Au bord du Nil nourricier, tous les espaces fertiles sont, depuis des millénaires, travaillés, exploités intensivement par la main et l'intelligence de l'homme. Entre le désert stérile et les plantations vitales, il n'y a pas de place pour une végétation sauvage : pas de bois, pas de forêts, pas de mauvaises herbes. Si le minéral est sauvage, le végétal est domestiqué, humanisé.

Bio-diversité de la mondialisation

La mondialisation produit une diversification des espèces d'expatriés. En voici quelques unes.

L'espèce la plus archaïque est celle des « petits blancs », mus par le désir exclusif de gagner de l'argent et de dominer ; certains, les « colons », ont le racisme chevillé au corps et la haine leur colle à la peau.

Les « cadres dynamiques », quant à eux, se déplacent avec leurs enfants, les chambres de leurs enfants, de lycée français en lycée français. Ils n'ont pas le temps, peut-être pas le goût, d'apprendre quelques mots, de découvrir la culture mais ils se délectent à faire vroum-vroum dans le désert. Souvent, à la quarantaine, les femmes découvrent les chevaux et investissement dans l'équitation.. et l'achat de chevaux. Dans la version versaillaise, ils s'habillent chez Cyrillus et fréquentent assidument l'église, les femmes participent aux associations. La version anglo-saxonne est encore plus bigote et la revue anglophone des expatriés est pleine d'annonces « communautaires ».

Les « globalisés » ou multinationaux ont plusieurs passeports et ont fait des mariages mixtes. Ils occupent des postes importants, mais savent s'adapter au contexte, d'autant qu'ils ont de multiples occasions de s'en échapper. Les chefs d'entreprise français les plus influents sont ainsi d'origines italienne (Alcatel), iranienne (Carrefour), libanaise (Colas). Les diasporas libanaises et iraniennes et leurs conjoints en sont l'expression la plus achevée. Les globalisés fonctionnent comme des firmes multinationales qui optimisent leurs localisations pour minimiser les coûts et maximiser les avantages : un pays pour travailler, un autre pour être payé, plusieurs pour dépenser, un pour les études des enfants, un pour les vacances, un pays enfin, cher au cœur, dont on chante avec émotion les mélodies le soir, entre soi.

Petites gâteries de diplomate

Notre ambassadeur, Félix le bien nommé, reçoit, deux fois par, an pour un dîner, les représentants de la communauté française, représentants d'associations et élus et je fais partie, avec le proviseur du lycée français, des autres hôtes. Avec lenteur, intelligence et charme, il nourrit notre curiosité de petites histoires des relations franco-égyptiennes, nous donnant l'impression de nous livrer les petits secrets de la chancellerie.

Ce fut le conflit avec Naguib Sawiris, le milliardaire copte, ami de notre université, à propos du transfert de capital de Mobinil.

Il y a eu aussi l'histoire de la restitution des fresques pharaoniques rendues par la France ; les Égyptiens ont voulu afficher une grande victoire historique sur les ex-puissances coloniales, alors que la France avait acquis légalement ces fresques et les restituait, certes avec lenteur, mais avec bonne volonté.

Nous avons eu droit à deux épisodes du feuilleton Farouk Hosni, candidat malheureux de l'Égypte à la direction de l'Unesco. Ce ministre de la culture, a un look à la Jack Lang mais il ressemble moins que lui à Kadhafi. Le soutien de la France à sa candidature s'inscrivait dans le cadre d'échanges de bons et loyaux services des coprésidents de l'Union Pour la Méditerranée, Sarkozy et Moubarak. Moubarak soutenait la candidature de Strauss-Kahn au FMI et Sarkozy renvoyait l'ascenseur en soutenant Farouk Hosny à l'UNESCO. C'était sans compter l'esprit d'à propos du candidat égyptien : en réponse à une question posée par un journaliste islamiste sur les livres juifs à la bibliotheca alexandrina, Farouk Hosni a répondu que s'ils existaient, il les brûlerait lui-même[1]. Après l'échec de Farouk Hosni, l'ambassadeur de France nous livre une confidence, qui en laisse certains dubitatifs : la France a bien soutenu le candidat égyptien jusqu'au bout.

Une réunion au Moyen-Orient

Une réunion ministérielle en France : autour d'une longue table, sont sagement rangés les ministres, apparemment studieux, devant leurs dossiers et leurs bouteilles d'eau. Une réunion politique au Moyen-Orient : des hommes bedonnants et souriants, sirotant leur thé, sont enfoncés dans des chauffeuses, sans papier ni stylo. Sans doute, le pharaon de l'université se prend pour Nasser ou

---

[1] Lors d'un de nos nombreux dialogues discursifs, le pharaon de l'université s'était évertué à justifier, de façon peu convaincante, la réponse du ministre, arguant que, pour les Français, « brûler des livres » avait une connotation dramatique, réminiscence des autodafés de l'inquisition et du nazisme, alors que les Egyptiens, par leurs mots, brûlent, de façon courante, objets et êtres.

Arafat : nos réunions de travail dans son bureau se déroulent sans table, sans papier et sans note. Un bon moyen pour oublier ce que l'on a dit.

Le piège de l'affectif

Pris dans une complicité culturelle et prisonnier d'une illusoire proximité, j'ai toujours du mal à affronter le pharaon. Pourtant en ce début d'année, retardé par le ramadan, la fête qui suit le ramadan, la grippe dite porcine, j'avais décidé de réagir aux multiples agressions en douce du pharaon contre les Français de l'université. Deux jours après la réunion où nous nous étions violemment affrontés, j'entre dans son bureau, je le trouve, les traits tirés, le masque cireux. Nous abordons un dossier comme si rien n'était, puis ce sont ses habituelles digressions sur l'histoire de l'Égypte qui permettent de se détendre et de ne rien décider. Le masque sourit, rit et tente de séduire. Je ressors, abattu par mon impuissance.

Le regard d'Edward El Kharrat

« *Il y avait un mystère antique dans la douceur de son visage, que venaient altérer, ou bien plutôt parfaire, des gains de beauté d'une extrême délicatesse, quasiment invisibles [..] A la regarder, je percevais l'idée d'une existence intemporelle, sans commencement ni fin. [..] Tu es toujours avec moi, en tes multiples incarnations qui n'en font qu'une, sur les plaines herbues de l'imagination, sur les champs fabuleux de la poésie, au bord des rivières de l'esprit, en ses déserts de pureté et au sommet de ces montagnes rocailleuses que je n'atteindrai jamais* »[1]. Ainsi s'exprimait Edward El Kharrat, à l'âge de 66 ans d'une plume onirique et fraiche, pleine d'images de femmes multiples mais unes dans le désir qu'elles font naître. Je le revois, début 2009, ouvrir sa porte, surpris, les cheveux

---

[1] Edward El Kharrat *Belles d'Alexandrie*, 1990.

blancs en désordre tombant sur le col de sa robe de chambre. Il avait oublié que, sollicité pour présider notre jury de concours de nouvelles, il nous avait fixé ce rendez-vous. Au cours de nos échanges, dans son petit appartement surchargé de Zamalek, il perd le fil de la conversation, le perd et le retrouve aussi, lorsque son regard s'illumine et que ses yeux pétillent de malice à l'évocation d'éventuels membres du jury, jeunes concurrents ou vieux complices.

Un grand écrivain égyptien, copte de surcroît, un vieil homme un peu gâteux, mais quelle présence !

Dérapages du foot et nationalisme arabe révolu

Les matches de foot Égypte-Algérie de qualification pour la coupe du monde ont déclenché des tempêtes à côté desquelles les contrecoups de la main de Thierry Henri paraissent anodins. Les usuels affrontements entre supporteurs ont laissé la place à d'incroyables escalades. Les télévisions étrangères montrent en boucle des joueurs algériens agressés et blessés à l'intérieur de leur car au Caire. Nos amis égyptiens ne tarissent pas d'explications plus ou moins tordues. Les joueurs se seraient blessés eux-mêmes, explication lumineuse s'il en est ! Comment se blesser soi-même avec des blocs lancés de l'extérieur du car ? De la finale à Khartoum, où les Algériens ont fait un carton - 2 à 0 -, les Égyptiens sortent comateux. Les plus hautes autorités de l'État des deux pays interviennent. Les médias algériens sont accusés d'avoir évoqué un mort qui n'a jamais existé. Les médias égyptiens et des personnalités, Omar Sharif en tête (l'increvable notre Docteur Jivago reconverti en Monsieur Tiercé à la télé française et aujourd'hui supporter aveugle) d'avoir mis de l'huile sur le feu. Individus et entreprises égyptiens sont agressés à Alger. L'étudiante algérienne de la faculté d'ingénierie ne reviendra pas après les fêtes de l'aïd. Tout le monde, pas seulement le petit peuple, mais aussi mes interlocuteurs habituels, intellectuels francophones, femmes comme hommes, parlent, non du match, mais de tous les péchés des Algériens. Un Français jeune, brun et parlant arabe est injurié, supposé cacher son algérianité. Les Français sont naturellement considérés comme des supporters inconditionnels et naturels des Algériens !

Le sens, les sens, de ce conflit commencent à transparaître. Pour le Pharaon, il faut voir derrière tout cela la main du Qatar qui rêve d'évincer l'Égypte d'Algérie au profit de ses propres intérêts financiers et qui manipule la chaîne Algézira pour attiser la haine et noircir les Égyptiens. Symboliquement, ressortent des rancœurs, vieilles de 50 ans, du temps, bénit, où Algérie et Égypte rivalisaient pour représenter le nationalisme arabe, vainqueur des puissances coloniales. Les critiques mutuelles sont éloquentes, mêlant faits de guerre et authenticité de l'identité arabe. Les Algériens qui ont, eux, gagné la guerre d'indépendance, accusent les Égyptiens d'avoir perdu celle de 1967. Les Égyptiens, qui se veulent les porteurs de la culture arabe, accusent les Algériens de ne pas parler arabe, ce qui sous-entend qu'ils parlent la langue du colon. Mais que sont aujourd'hui ces deux grands pays arabes ? Deux États dont les dirigeants organisent, depuis des décennies, la décadence et font le lit des islamistes !

Petra la bien nommée

Pour les fêtes de l'Aïd, n'ayant pu rejoindre Alep et trouver le chemin de Damas, faute de visas que les courbettes de Sarkozy devant Bachar El Assad n'ont pas rendu plus faciles, nous nous rabattons sur la Jordanie. Le Caire-le Sinaï en passant au-dessous du Canal de Suez - il est toujours surprenant de voir passer au-dessus du tunnel d'immenses bateaux qui semblent se déplacer sur la terre - . A Nuweiba (Égypte), traversée en bateau pour Akaba

(Jordanie) en passant face à Eilat (Israël) et à l'Arabie Saoudite. Le soir, à Akaba, les lumières denses d'Israël et, plus à gauche, la nuit d'Égypte. Ce fond de la mer Rouge est un mouchoir de poche où cohabitent les héritiers de cultures si différentes mais aussi si proches, des ennemis qui viennent de signer de traités de paix, des peuples aux niveaux et aux modes de vie si inégaux.

Visite de Pétra. Dans le canyon, se coule le flot de touristes bigarré : moyen-orientaux, occidentaux, extrême-orientaux, à pied, à dos d'animaux divers, en carriole, familles, groupes, sportifs, une vieille dame qui trotte, seule, sur ses béquilles, un groupe de jeunes hommes gais arborant un drapeau du Hezbollah. Dans ce canyon creusé par les flots, les hommes se sont coulés, épousant la pierre : le canyon est leur demeure, leur refuge, avant de devenir le piège dans lequel ils furent assiégés. Pétra la bien nommée, Pétra le lien entre la nature et l'homme, entre la pierre et l'homme, entre le minéral et l'homme. Ce ne sont pas des pierres transplantées, déportées pour devenir, ailleurs, sculptures, demeures, châteaux. La pierre est sculptée sur place, les aqueducs, les temples et tombeaux sont taillés dans les falaises, dans les parois du canyon. Dans ce couloir immense et profond, un peuple étrange et manifestement mal connu, celui des Nabatéens, n'a pas perdu son identité en faisant des emprunts aux Égyptiens, aux Grecs et aux Romains, nous laissant des traces des cultures de notre monde méditerranéen, monde pharaonique, grec, romain, chrétien.

Jordanie

Quel pays incongru, la Jordanie pour le voyageur qui vient d'Égypte ! Des villes propres, des automobilistes prudents et disciplinés, des femmes voilées mais coquettes et pas déformées par la graisse et les grossesses, des policiers présents et efficaces, une cuisine exquise. La mer

Morte. Incroyablement belle, même si elle n'est pas vivante. On flotte facilement dans cette mer bleue bien que saumâtre. On flotte face à la Cisjordanie, à quelques kilomètres des territoires occupés, terres d'une triste misère, nœuds de tant de problèmes, foyer de dynamite. Curieux contraste entre le bien-être irréel et la conscience d'être dans le berceau des trois grandes religions monothéistes et au cœur explosif d'une multitude de problèmes d'identité.

Après avoir été sur les traces d'Indiana Jones à Petra, nous retrouvons celles du traitre Laurence d'Arabie dans le Wadi Rum, morceau de désert où une sorte de mer de sable est entourée de somptueuses montagnes rocheuses. Laurence d'Arabie qui, au moment de la guerre de 1914, joue les Arabes contre les Ottomans pour servir les intérêts des alliés et promet une indépendance et un État qui ne leur seront jamais donnés, Angleterre et France préférant morceler et dominer le Proche-Orient. Sans ces interventions intempestives, la région n'en serait peut être pas là aujourd'hui !

Le retour en bateau de Jordanie en Égypte est terrible. Le navire est plein de pèlerins qui reviennent de la Mecque, les pèlerins les plus pauvres, ceux qui, ne pouvant se payer l'avion, se sont rabattus sur le bateau et des dizaines d'heures de car. Ces hommes habillés de leur galabeya de bure crasseuse, puent affreusement. Dans la cabine, où ils sont parqués mais où nous devons nous rendre pour des formalités, nous croisons leur regard vide ; dans la file d'attente, habitués à une promiscuité prégnante, ils nous bousculent et nous pressent. Imprégnés de la paranoïa de la grippe A, nous sommes persuadés, à tort, de contracter les pires maladies.

Retour sur Abu Sinbel

Nous connaissons tous l'histoire du lac Nasser, miracle économique et/ou désastre écologique, du barrage sur le

Nil et du sauvetage spectaculaire dans les années soixante, grâce à un élan culturel international, de la merveilleuse double construction, réalisée à l'initiative de Ramsès II pour lui et son épouse Néfertari, plus de 3000 ans plus tôt, construction démontée et remontée pour ne pas disparaître aux yeux des hommes.

Telle est l'histoire officielle. Pourtant, quand je contemple ces extraordinaires monuments face à l'immensité du lac, je gamberge et me se demande si, en fait, Ramsès, prévoyant l'avenir ou manipulant Nasser, à son insu, n'avait pas conçu ces merveilleuses constructions, dès l'origine, dans le seul but de les voir un jour, s'imposer, superbes, comme dans un miroir, face au lac, artificiel, majestueux.

Pharaons, baouabs et barbus

Mariage à trois

Mes hypothèses se sont vérifiées. Dans le remarquable ouvrage qui vient de paraître, *La tombe de Maya*, qui est, tout à la fois, une œuvre scientifique, un roman à suspense - mais qui est-Elle donc ? - et une confession, l'archéologue français Alain Zivie fait un véritable *coming out*, dévoilant ses rapports avec la belle Maya, de plus de 3000 son ainée. Il revient sur le nom qu'il lui avait attribué initialement de « *nourrice du roi* », expression source de malentendus voire de dérision, nous dit-il, certains osant la présenter comme la « *nounou de Toutankhamon* », alors qu'il remet les choses à leur place en la qualifiant maintenant de « *mère nourricière du roi* ». Explicites aussi sont les remerciements à sa famille et à ses proches, d'une résonnance d'autant plus forte que nous connaissons maintenant sa femme et sa fille : ils « *ont dû accepter qu'entrât dans ma vie une Égyptienne [d'il y a trois mille sept cent ans] à laquelle je consacre tant de temps et tant de soin.* »

Il est conscient de ce qu'il impose aux autres et avoue : « *Je sais que ce ne fut pas et que ce n'est toujours pas facile pour eux [..] même s'ils ont fini par considérer qu'elle fait dorénavant un peu partie de la famille* » !

Mort sur le Nil

La mort est très présente en Égypte et sous de multiples facettes et je reviens à ce qu'écrivait Françoise Labarthe, une de mes correspondantes : « *C'est vrai en Égypte, tout est autre. D'un autre côté, c'est le pays qui nous fascine peut-être parce que la mort y est célébrée, omniprésente dans la civilisation antique et qu'à la fois, on sent bien que la vie là-bas n'a pas vraiment de valeur.* » L'époque pharaonique nous a légué ces pyramides, monuments qui, plus que tout autre, défient le temps. Les bâtiments et les objets funéraires sont tous sauf morbides, à l'exception de certaines momies vraiment peu engageantes. Les morts, certes les riches morts, baignent dans une immortelle beauté, beauté des objets, beauté des meubles, beauté des bijoux, beauté des statues, beauté des signes. La barque solaire retrouvée intacte près des pyramides de Giza, après des siècles passés dans le sable, est majestueuse et magnifique. Les morts eux-mêmes, certes les grands morts, sont beaux. Même les portraits du Fayoum, réalistes, loin de la stylisation pharonique, ne nous renvoient pas une image terrifiante de la mort. Quel contraste avec la représentation de la mort dans nos sociétés où cranes et squelettes du Moyen-âge, nous effraient depuis notre enfance et où le paradis vaporeux est toujours contrebalancé par un enfer horrible comme dans les peintures de Jérôme Bosch !

De nos jours, la mort est présente d'une manière plus dramatique et plus misérable. Déjà les cadavres des animaux, des petits mais aussi des ânes, des buffles ou des vaches, bordent les routes, ou bien, gonflés, flottent sur le canal de Sakkarah. Pour le voyageur habitué, comme moi, à la route de Suez, ce sont les hommes morts sur la route, plus nombreux et plus visibles qu'en France, en raison de la fréquence plus forte des accidents et de la fréquence plus faible des ambulances. Ce sont aussi les morts en puissance, les passagers entassés dans des microbus fous, les motocyclistes sans casques qui se faufilent entre les voitures, les piétons inconscients et kamikazes qui guettent une accalmie pour slalomer entre les voitures et traverser l'autoroute, ce sont ceux qui attendent, en vain, l'ambulance qui n'arrivera pas, ce sont ceux qui, passagers de l'ambulance, crèvent de la voir stagner dans un embouteillage indifférent. Ce sont aussi les funérailles. A côté de chez nous, à peu près une fois par semaine, est dressée une immense tente avec, à l'intérieur, un large tapis entre deux rangées de chaises ; c'est là qu'ont lieu les condoléances ; beaucoup d'hommes, peu ou pas de femmes. C'est à se demander si les femmes meurent ou si les femmes sont concernées par la mort. Comme pour la prière : les rues grouillent d'hommes se rendant à la mosquée, peu de femmes. La mort et la religion des hommes sont ostentatoires, publiques, celles des femmes discrètes, privées.

Incroyable aussi la « cité des morts », au cœur même de la métropole cairote. Je croyais qu'il s'agissait d'anciens cimetières devenus des cités habitées par les vivants. Mais c'est beaucoup plus fort, ce sont des cimetières vivants, alimentés par de nouveaux morts ; c'est la cohabitation, macabre à nos yeux, entre les vivants et les morts.

Dans la vallée du Nil, la mort, magnifique ou misérable, est omniprésente.

Un Frère ?

Il est diablement sympathique, le Pharaon qui me surveille, me contrôle, me court-circuite, me marginalise. Un sourire de séduction, une bonne, que dis-je, une excellente plaisanterie, une allusion fine à la littérature à l'histoire ou à la politique.

Mon collègue franco-égyptien aussi est très sympathique. C'est le seul Égyptien à nous avoir invités chez lui. Il est très aimable et parle un parfait français, intervient sur mes textes pour corriger accents et guillemets. Ce côté maniaque dans le traitement du français me surprend, de même que sa passion et ses grandes compétences pour la communication sous toutes ses formes, qu'il s'agisse des supports et les systèmes d'information ou des contenus et des discours et de leur forme. Il a une bonne tenue mais on entend les clous surannés de ses souliers lors de son passage dans les couloirs. Il n'a pas son pareil pour vous écouter attentivement, presque à en boire les paroles, entrer dans votre discours, opiner du chef, adhérer à votre pensée. Le lendemain de vives altercations, il arbore à nouveau son sourire, comme si rien n'était. Sa femme, bretonne à la peau blanche, porte le voile, mais c'est - comme toujours ! -, son choix personnel, à elle. Je trouve sur internet des textes de lui, remarquablement écrits, sur les miracles dans le Coran. Peut-être suis-je paranoïaque mais je trouve une ressemblance troublante avec cette description des Frères Musulmans: « *Les Frères Musulmans ont fait un important travail au niveau de leur apparence vestimentaire et physique. Habillés en costume à l'occidentale, soit ils sont complètement rasés, soit portent une barbe finement taillée. Ils sont pour beaucoup issus des hautes écoles, parlent tous plusieurs langues étrangères et se présentent désormais en démocrates. D'après l'un des membres de la confrérie, tous les candidats aux élections législatives du mouvement ont bénéficié d'une formation intensive aux techniques de communication, aux stratégies de persuasion et à l'art des négociations. Officiellement, le mouvement a abandonné tout projet d'État théocratique. Ce, même si beaucoup de politologues et de journalistes* en doutent, et émettent l'idée qu'ils aient mis fin momentanément à leur projet de république théocratique pour ne pas faire peur aux Égyptiens et prendre le pouvoir sans trop de violence. »

Une société sans société civile (janv. 2010)

L'expédition Tara Oceans, menée par Etienne Bourgeois et soutenue par le mécène, sa mère, Agnès B., est partie pour trois ans, explorer les mers du monde pour approfondir notre connaissance de la biodiversité marine et analyser la dialectique plancton/réchauffement climatique. D'un côté, le plancton intervient dans le cycle du carbone, et pompe une grande partie du gaz carbonique. De l'autre, le réchauffement climatique affecte le plancton. Mais cette expédition, qui transfère ses données à des laboratoires scientifiques situés dans 30 pays différents, n'a pu obtenir l'autorisation d'opérer dans les zones côtières égyptiennes, au grand dam de notre Conseiller, interdit d'abordage. Plus grave, pas de Greenpeace, pas de manifestants égyptiens, pas de société civile pour protester contre cette atteinte à la science et à l'écologie ; l'Égypte s'isole dans un obscurantisme patriotique.

Au même moment, en cette fin d'année 2009, nouveau rebondissemnt à Gaza. Le gouvernment égyptien érige un mur métallique de 18 mètres de profondeur pour mettre fin aux tunnels entre Gaza et l'Égypte. Il ne veut pas aider le Hamas, ni que l'Égypte devienne le camp retranché des Palestiniens et que, comme le Liban, leur territoire se transforme en champ de bataille entre Israël et les Palestiniens. Certes, mais du même coup, ils participent à l'asphyxie de Gaza, asphyxie organisée par Israël.

C'est le moment qu'ont choisi 1400 occidentaux, 1400 comme le nombre de victimes palestiniennes à la fin 2008, pour organiser une marche sur Gaza et commémorer ainsi un sinistre anniversaire. Le gouvernement égyptien interdit cette marche et condamne les 300 Français du mouvement à un campement sinistre autour de l'ambassade de France, (en face du zoo !), triste réplique des Don Quichotte du Canal Saint Martin. Les mêmes qui, en Égypte, accusent de façon permanente les occidentaux d'être des alliés des sionistes, interdisent cette manifestation de solidarité avec les Palestiniens !

Pas de société civile égyptienne, la chasse aux représentants de la société civile internationale. Pas de démocratie politique, pas de démocratie citoyenne.

Jeu de clefs

Je ne la connaissais pas très bien quand elle me donna la clef de son appartement d'Alexandrie. Professeur d'économie avec qui je collaborais de façon épisodique et plutôt superficielle, voilée, d'un âge certain, plutôt petite et sèche comme le sont rarement les égyptiennes, habillée modestement, mais souriante et d'une courtoisie appuyée. C'était il y a plus d'un an et, quand je voulus lui rendre sa clef, elle me dit de la garder et me donna alors une deuxième clef, celle de son « chalet » sur le bord de la Méditerranée à quelques dizaines de kilomètres d'Alexandrie, lieu de villégiature estival préféré des Égyptiens depuis qu'Alexandrie étouffe de la densité de sa population. Il y a trois semaines, elle nous téléphone à nouveau, voulant absolument nous donner une troisième clef, celle d'un autre chalet, celui-ci dans le Sinaï. Nous profitons de l'occasion, elle nous charge d'une multitude d'ustensiles de cuisine et de draps dont nous aurons besoin et nous accompagne par téléphone, pour que nous trouvions notre chemin, puis le branchement de l'eau, puis le meilleur moyen de se faire livrer un repas de poissons ! Nous passons trois merveilleuses journées au bord de la mer en ce début 2010. De retour au Caire, nous nous interrogeons. Y aura-t-il d'autres clefs ? Quel est ce généreux jeu de clefs ?

Questions existentielles

Coopérant français dans une université égyptienne, je suis périodiquement assailli de questions existentielles. Pourquoi une université française ? Qu'apporte-t-on à l'Égypte et aux Égyptiens ? Les réponses ne viennent pas de nos collègues égyptiens - qui tirent de nombreux avantages de l'appartenance à cette institution mais n'apprécient, ni nos méthodes de travail, ni nos systèmes de notations - mais de nos jeunes étudiants, pas seulement ceux qui réussissent et partent en France pour une partie de leur formation. Toujours le même discours : les deux dernières années du secondaire égyptien sont exclusivement du par-cœuret apprendre à réfléchir à l'université est une découverte, difficile mais valorisante. C'est merveilleux de voir comment, au-delà des obstacles à surmonter, ils nous sont reconnaissants de solliciter leur intelligence. Apprendre à réfléchir est un luxe, un luxe payant, dont une grande partie de la population est privée, à dessein,

Barbier et barbus

Depuis de nombreuses années, j'ai pris l'habitude d'aller de me faire raser, - ce qui en France est impossible ou cantonné dans des espaces de grand luxe -, dans les petits salons de coiffure des pays que j'ai visités, en particulier l'Égypte. C'est d'abord le plaisir de ne pas se raser soi-même et de s'abandonner aux mains expertes pour ce qui est, de plus en plus pour moi, une corvée. Surtout, dans ce pays qui ne brille pas par le soin apporté à l'apparence, il est fascinant de voir l'ardeur et la précision avec lesquelles le barbier élimine le poil des joues, pourchasse le poil des oreilles, traque ceux du nez et prend plaisir à tailler les sourcils, multiplie les onguents et masse le visage. C'est aussi l'occasion de pénétrer dans un espace moins anonyme que celui des boutiques et de découvrir l'agencement du salon, les décorations, la gestuelle, les rapports entre les hommes, la hiérarchie brutale entre les barbiers et leurs jeunes aides qui s'empressent pour le savon et la serviette.

C'est ainsi que, ce jour là, je me retrouvai dans un salon, à un angle de rue, dans une petite ville du Sinaï. Beaucoup plus que les salons de Caire, celui-ci, ouvert sur deux côtés, communiquait largement avec la rue. La télévision braillait mais, à ma grande surprise, les programmes étaient, pour moi, inhabituels dans de tels lieux : à une émission comique occidentale succède une émission de variété très gaie. Mais, brutalement, un homme entre, se saisit de la télécommande et nous branche sur une litanie coranique. Je sens une chape de plomb tomber sur le salon de coiffure.

La Vierge, responsable des massacres ? (janv. 2010)

Nouveau carnage de coptes pour célébrer leur Noël, le 6 janvier (Mahnaz dit que Saddam Hussein avait la délicatesse de bombarder Téhéran les jours de Norouz, nouvel an iranien). Les coptes représentant 5 à 10 % de la population. Ce ne sont, ni des chrétiens d'exportation comme en Amérique, ni des chrétiens d'évangélisation occidentale comme en Asie ou en Afrique. Étymologiquement, les coptes sont les « habitants de l'Égypte », tels que les désignaient les Grecs. Souvent l'État préfère gérer la question copte sur le mode criminel plutôt que politique. En effet, lorsque des islamistes tuent des chrétiens, les autorités n'y voient qu'un « massacre d'innocents » par des « criminels », occultant ainsi la dimension confessionnelle des agressions.

Malheureusement, l'évènement est banal mais l'éclairage que m'en donne une de mes collègues copte, qui appartient à la haute société occidentalisée est, pour moi, renversant. Les agressions des musulmans proviendraient d'apparitions de la Vierge : des coptes ont témoigné ces derniers temps de différentes apparitions de la Vierge, ce qui a suscité la colère des musulmans, les chrétiens voulant ainsi attester de la vérité et de la supériorité de leur religion ! J'ai le vertige. Les apparitions de la Vierge à l'origine des massacres de chrétiens ? Marie, responsable indirecte des massacres coptes ? Mais à qui profite le crime ? Pourquoi pas des apparitions instrumentalisées par les intégristes musulmans ? La Vierge au service des musulmans fanatiques ? On pourrait imaginer que ce soit, tout simplement, les musulmans qui ont organisé ces miracles pour trouver un prétexte aux assassinats ? Une vraie énigme policière.

Rencontre avec Shéhérazade[1]

Ce soir-là, cinéma au centre culturel et débat avec Yousry Nasrallah, le metteur en scène. Un régal. C'est *Rencontre avec Shéhérazade,* film égyptien superbe, film féministe construit autour de la vie et des histoires racontées par une Shéhérazade animatrice de télévision, elle-même broyée par les maux qu'elle dénonce, histoires de femmes victimes d'un machisme universel, mis ici à la sauce d'un conservatisme social et d'un régime politique corrompu et autoritaire. Discussion dans un excellent français avec la salle sur les symboles du film, sa construction.

Arrivent les questions qui fâchent. La première sur la religion. Le réalisateur, critique à l'égard du prétendant qui demande à sa dulcinée de porter le voile, se défend superbement. « *Jamais je ne critiquerai les croyances, quelles qu'elles soient ; mais contraindre à porter le voile, ce n'est pas une croyance, c'est un fait social que je traite comme un fait social.* »

---

[1] Le titre français sera « *Femmes du Caire* ».

Un peu plus tard, un autre jeune égyptien prend la parole pour dire qu'il y a trop de scènes sexuelles dans le film ce qui ne « *convient pas pour la société égyptienne* ». Après avoir rétorqué que chacune des scènes sexuelles apporte quelque chose de fondamental dans le film, Nasrallah avance un argument qui révèle une brèche profonde entre les deux interlocuteurs. En substance, il dit « *Vous considérez que mon film choque parce qu'il introduit des scènes sexuelles, mais regardez « Mon père en haut de l'arbre » de 1969, dans lequel Mounir Serag échange le plus grand nombre de baisers de l'histoire du cinéma égyptien avec la belle Nadia Lotfi, c'est le cinéma égyptien, c'est la société égyptienne, c'est l'Égypte !* ». En fait, je pense que, non seulement le jeune Égyptien n'a jamais vu ce film et qu'il ne le verra jamais, mais aussi qu'il n'a rien compris à la réponse du metteur en scène. Un énorme fossé est créé entre ces vieux Égyptiens, -qui auront disparu dans 30 ans[1] - laïques, libéraux, curieux, ouverts, citoyens du monde et ces jeunes qui ont grandi dans l'Égypte saoudisée, faite de conservatisme, de fermeture au monde et de religiosité.

Légèreté du conseil de surveillance
J'arrivai ce jour-là en avance au Conseil de surveillance. Pourtant ils étaient déjà nombreux : S. E. l'ancien ministre des affaires étrangères, négociateur entre autres, de Camp David et petit fils d'un premier ministre assassiné lorsqu'il lisait la déclaration de guerre du Roi Farouk contre l'Axe, Vincenzo, le patron régional d'Alcatel qui donne l'impression de sortir d'un film de Dino Risi, Ali qui vient de se faire vider de sa fonction de patron de la technopole du Caire et dont j'apprends que, fils du juriste

---

[1] La révolution apporte un superbe démenti à mes prophéties : les révolutionnaires ont montré que cet esprit libéral et ouvert avait encore de beaux jours devant lui.

qui a conseillé Nasser pour la nationalisation du Canal de Suez, il est marié à une Auvergnate de Bort-les-Orgues, un patron de l'industrie pétrolière, le Pharaon, le Conseiller et l'Attachée. Mon arrivée détourne la conversation et la concentre sur ma nouvelle moustache et, de façon plus générale, sur la question fondamentale de la signification de ce signe distinctif pileux dans toutes les sociétés, l'Égypte moderne, l'Irak, et le débat s'anime sur les moustaches chez les pharaons avant de déboucher sur la barbe factice de Hatshepsout, la première pharaon femme. Lorsque je m'étonne de l'intérêt porté à ma jeune moustache, Vincenzo, déplore que, alors qu'il porte la barbe depuis plus de 40 ans, elle n'ait jamais été l'objet d'une telle attention !

Au-delà de l'allégorie

Les appréhensions avaient disparu de mon esprit. Est-ce l'habitude qui banalise les absurdités et les monstruosités de la route égyptienne ? Est-ce la fascination qu'exercent l'habilité et l'inconscience des chauffeurs cairotes et qui rendent virtuel l'espace dans lequel notre voiture se déplace ? Est-ce la densification de mon travail et un meilleur positionnement qui m'ont rendu moins sensible à mon environnement (allégorie oblige) ? Pourtant, je pensais la semaine dernière que cela n'arrive pas qu'aux autres et que les probabilités étaient significatives. Hier, le choc. Je me retrouve debout, hébété et groggy, au milieu du rond-point devant deux chauffeurs vociférant, dont le mien, deux voitures, dont la mienne, encastrées l'une dans l'autre. Heureusement que le barbu pressé qui a enfoncé notre voiture, juste à ma portière, avait le bon goût d'avoir une très vieille voiture qui s'est pliée dans le choc, me protégeant, alors qu'une voiture plus récente m'eut été fatale. Je suis quitte pour des vertiges, des maux de tête et une journée d'observation, avant de reprendre la route, avec une peur non allégorique.

L'occasion de parler du destin

Mon petit texte sur l'accident, écrit à chaud, a suscité des réactions de mes correspondants. Mon prédécesseur, qui dit avoir pratiqué la méthode Coué pendant trois ans face à la peur, pose la question de la régulation en Égypte : « *Peut-on conduire en respectant les règles dans un pays où la très grande majorité des chauffeurs ne les connaissent même pas ?* » (Bernard Fillion-Dufouleur). D'autres s'interrogent sur le destin « *Parfois on a l'intuition du danger mais on n'y prend pas garde. De toutes façons, y pourrait-on quelque chose ?* », sur le déterminisme statistique « *After all the tragic stories of the roads in Egypt, yes, it was bound to happen* » (Brenda Kambakhshe), ou sur la part de Dieu : « *Inutile de te recommander d'être prudent puisque le réglage de la circulation appartient à Dieu seul, qui s'en charge avec désinvolture, comme du reste.* » (Jean-Louis Dayan). Ils mettent aussi en relation mes textes précédents sur la route qui paraissent prémonitoires « *Vous avez effectivement souvent évoqué, dans vos écrits, les méfaits de la route égyptienne, un peu comme on conjure le sort. Peut-être sentiez vous aussi, un peu intuitivement, que vous ne seriez pas épargné, peut-être.* » (Marie Ange Marrou) ou montrer le décalage dans la narration « *Cela m'a donné envie de relire les passages de ton journal où tu parlais de la circulation en Égypte ; on y retrouve en effet l'étonnement, oui jusqu'à la fascination, cela semble irréel, impalpable et, boum, aujourd'hui brusquement, cela devient malheureusement réalité. Et là l'émotion n'est plus la même, elle est viscérale, plus prosaïque.* » (Catherine Lamaud).

Téléologie et Théologie de l'accident

Le même jour que moi, à la même heure, Hala, pétillante secrétaire de l'université, a, elle aussi, un accident. Elle ne peut éviter une moto qui lui coupe la route, vole sur le capot, le motard glisse sur la terre et en est quitte pour deux jours d'hôpital. Je suis effaré des suites de l'accident. La victime est persuadée que c'est la faute, non de Hala, dont il n'a aucun souvenir, mais de deux « étrangères ». En fait, deux femmes qui ont eu le mauvais goût de lui porter secours ; heureusement pour elles, après l'avoir soigné, elles ont disparu.

Je demande plus tard à Hala si son père, qui est dans le secteur automobile, assure ses voitures. Non. Et Hala, qui, à l'inverse de sa collègue n'est pas voilée, a les cheveux teints, des tenues plutôt moulantes, et est toujours prête à rire, m'explique que, si son père ne s'assure pas, c'est pour des raisons religieuses. Si on a un accident qui affecte les biens ou les personnes, c'est le destin, c'est la volonté divine, il ne faut pas corriger, il ne faut pas intervenir. D'ailleurs son père a interrogé l'Arabie Saoudite (sic !) et il lui a été confirmé que l'assurance était contraire à la religion.

La nasse

Condoléances

Cela fait au moins trente minutes que je suis dans cette mosquée et je me demande quand et comment je vais m'en sortir. Je suis venu pour des condoléances, le beau frère de Hala est mort, d'un accident de la route, ce qui n'est pas très original. *Les hommes n'arrêtent pas de rentrer et personne ne sort.* Les condoléances sont postérieures à l'inhumation. Des condoléances sans la matérialité du cercueil, du cercueil qui descend dans le caveau ou qui part pour la crémation. Des condoléances sans la présence physique du mort. Je m'interroge sur le sens de cette différence. Avons-nous besoin en Occident d'un signe concret et matériel de la mort ? La mort n'est-elle pas présente par la simple présence des vivants réunis autour du défunt ? *Le défilé continue. Je suis dans une véritable nasse : on entre et on ne sort jamais.* Nous sommes sagement assis sur de grandes chaises dont les rangs forment des rectangles. Je ne détonne pas : ce sont toutes sortes d'hommes, jeunes vieux, avec toutes sortes d'habits ; la plupart d'entre eux ne paraissent pas mieux connaître que moi les hommes rangés en rang d'oignons à l'entrée pour le serrement de mains. *Des indices m'inquiètent : on nous sert du thé et de l'eau, comme si nous étions censés rester longtemps.* Nous sommes dans une belle mosquée entre la place Tahrir et le Nil. Les condoléances des gens riches se font dans les mosquées ; celles de gens pauvres sous des tentures, dans la rue. *Maintenant le type qui est en face de moi allume une cigarette. Avec son voisin, ils jouent avec leurs mobiles. Décidément on s'installe. Pour longtemps ?* Des portes ciselées, de beaux lustres, des vitraux ; nous, les hommes, sommes mieux lotis que les femmes. La séparation des genres est aussi une forte hiérarchisation. D'un côté, les hommes, dans la mosquée lumineuse, visibles de l'extérieur, les membres mâles de la famille debout jusque sur le trottoir ; de l'autre, les femmes sont assises, toutes en noir et toutes en noir, parquées dans une petite salle séparée du trottoir par une espèce de paravent. *Ce n'est pas très pratique cette séparation des hommes et des femmes ; un des buts du jeu c'est que ma collègue remarque ma présence - il n'y a pas de registre - et l'accès au domaine des femmes paraît compliqué, voire interdit. Comment vais-je faire ?* Un homme assis en tailleur chante a capella dans un micro ; le chant est, à mes oreilles, non harmonieux, mais cette mélancolie convient pour une soirée de deuil. *Dans la meilleure des hypo-*

thèses, je m'éclipse, mais je ne sais pas comment faire. Faut-il serrer des mains à nouveau ? Personne n'est sorti jusqu'ici montrant le modus operandi. Au fond, bien que je sois étranger à la famille et à ces coutumes, je trouve que cette cérémonie a beaucoup d'allure. *Tout d'un coup, je n'ai pas vu l'évènement déclencheur, une grande partie de la salle est debout et fait la queue pour serrer à nouveau les mains des proches avant de partir. Oubliant que je voulais faire comme les autres, je m'éclipse, évitant ce nouveau pensum. Heureusement, je rencontre le fiancé de ma collègue qui pourra témoigner de ma présence.*

La belle lumière du Fayoum s'est ternie

L'image de nos week-ends harmonieux dans la ferme de la diplomate s'est brisée. Moi le citadin, je goûtais cette nature. Certes, on est loin du Lot, des ruisseaux qui courent sur les rochers, des châtaigniers et des frênes du Ségala ou des petits chênes tordus et des murs de pierres sèches du Causse. Mais je retrouve au Fayoum des champs, des arbres, des eaux, des animaux et ces gens qui soignent et aiment la terre sur laquelle ils vivent. Pierre, quand il ne galopait pas dans le désert avec moi, arpentait les écuries, de box en box, pour regarder et parler à l'oreille des chevaux dont il connaissait toutes les robes, toutes les habitudes et tous les comportements. En parlant de tout et de rien, on buvait du champagne et du vin dans cette ferme à la lisière du désert. Ramadan, le charmant moustachu, avec la même gentillesse, menait les ballades à cheval, aidait les juments à mettre bas, s'occupait des chevaux, servait le café et, semblait-il, gérait la ferme. Ramadan s'est révélé un escroc redoutable, brisant le rêve. Nous n'irons plus à la ferme. La diplomate se rassure un disant que d'autres sont plus à plaindre qu'elle, par exemple cette Française dont l'associé égyptien lui a volé près de 300 000 euros qui a fait le deuil de son argent mais vit dans la peur et l'angoisse : elle se sent menacée, son escroc, condamné à la prison ferme, n'étant pas, de façon mystérieuse, incarcéré.

Farah, Omar et Boutros
Ce samedi là, par un curieux hasard, nous croisons des gens illustres, fantômes du passé ou brillant académicien. Mahnaz ayant déjoué la conspiration de libanais qui, pour de petites raisons, voulaient empêcher nombre d'iraniens de rencontrer la veuve du Shah d'Iran, nous réussissons à nous glisser au Palais Manial, - qui hébergeait autrefois le Club-Méditerranée -, et nous côtoyons des fantômes vivants, Farah Diba, qui traverse la salle, lumineuse et fraîche, en dépit de son âge, son amie, autre veuve des mêmes années, Jihane Sadate, au visage plus fermé et, surtout, Omar Sharif qui, après que je lui aie dit que Pierre et moi avions vu récemment Laurence d'Arabie, le prend dans ses bras. Le hiérarque Boutros Boutros Gali, ancien secrétaire général de l'ONU, que je retrouve au dîner à l'ambassade est, aussi, impressionnant dans son français impeccable et ses idées foisonnantes.

Orsenna
Dîner en l'honneur d'Erik Orsenna. D'emblée, il me tutoie, s'intéresse à ce que je fais, chatouillant mon égo. C'est le lendemain, à l'Université, où j'organise une rencontre avec les étudiants et le soir, au Centre culturel, que son humanisme et son humanité rayonnent et qu'une vraie complicité s'installe entre nous. Ne pouvant éviter la mort, il choisit de vivre plusieurs vies : professeur d'économie, conseiller du ministre de la coopération, conseiller à la culture et nègre de Tonton, conseiller d'Etat, écrivain, académicien et, aujourd'hui, grand reporter à son compte. Orsenna écrit quand il ne comprend pas : il ne comprend pas l'amour, il écrit *Grand amour*, il ne comprend pas les

questions du professeur de français à ses enfants et écrit *La grammaire est une chanson douce*, il ne comprend pas le problème du coton et c'est *Voyage au pays du coton*. Il nous fait voyager avec Tchekhov et ses nouvelles, avec Isabelle Autissier sur les flots, avec Levy-Strauss qui oscille entre une vision des hommes dans les particularités de leurs sociétés et une vision de l'homme dans sa généralité. Il met en perspective Christophe Colomb qui détruit la diversité américaine pour la recherche de l'or, équivalent général, et Don Juan qui fait un cauchemar : toutes les femmes sont pareilles ! Extraordinaire séance avec mes étudiants égyptiens où il discute leurs projets de recyclage des déchets et attrape avec eux des fous rires. « Honnête homme », homme de l'universalité, quel bien cela fait !

Fekri Hassan et Mohammed Ali

Je retrouve le même humanisme chez Fekri Hassan, ancien professeur d'archéologie à l'University College London avec qui on prépare un master de Gestion du patrimoine. Cet Égyptien très british, style Sherlock Holmes, géologue et archéologue, s'intéresse à l'histoire des réchauffements climatique, aux cours des derniers millénaires. Pour lui, la valorisation du patrimoine est une question sociale - comment le patrimoine peut-il aider ce que l'on appelle ici les « communautés », en fait les catégories les plus pauvres, à s'en sortir - et une question idéologique pour lutter contre ceux qui considèrent que l'alpha et l'oméga de l'histoire égyptienne c'est l'histoire islamique. Après une séance de travail, visite passionnante d'une partie du Caire. Il est en grande admiration devant Mohammed Ali.

Mohammed Ali (Méhémet Ali), a régné de 1805 à 1849 sur une Égypte qu'il a profondément transformée en en faisant un État-nation moderne. Un homme tissu de paradoxes : général albanais, il devient le symbole de l'Égypte moderne. Combattant contre les troupes de Bonaparte, il est un fervent admirateur du modèle militaire français et n'aura de cesse de s'en inspirer. Installé par le sultan, il dégage l'Égypte de l'influence ottomane. Analphabète, il crée des écoles, favorise l'enseignement des sciences et techniques, dynamise l'égyptologie. L'Égypte aurait bien besoin aujourd'hui d'un Mohammed Ali ! Justement Moubarak, malade, se fait soigner à l'étranger.

Brèves de la presse égyptienne

Sublime évidence : « *L'hospitalisation du président Moubarak à l'étranger s'explique par son opinion négative sur les hôpitaux égyptiens* ».

Belle performance : « *Nouvelles données égyptiennes à l'occasion de la journée mondiale de lutte contre l'excision : recul du phénomène puisqu'il atteint 91% des égyptiennes âgées de 15 à 49 ans contre 97% en 1995.* » A ce rythme là, si ms calculs sont exacts, l'excision aura disparu dans 225 ans !

« *10 000 personnes se sont rassemblées devant une église à Tanta pour attendre une nouvelle apparition de la sainte Vierge* ». Pourvu qu'elle ne se pointe pas ; cela exciterait les musulmans !

« *L'église orthodoxe égyptienne dément avoir autorisé le mariage entre orthodoxes et catholiques.* » Nous voilà rassurés !

« *Napoléon croyait en venant en Égypte en 1798 que les principes de liberté, égalité et fraternité allaient lui ouvrir les portes de l'Égypte. Les Égyptiens à l'époque lui avaient affirmé que l'Égypte était la terre du Sultan ottoman, et qu'il faudrait respecter les spécificités de la société égyptienne qui ne répondaient pas aux principes étrangers. La même réponse est donnée aujourd'hui à tous ceux qui nous parlent des principes des droits de l'homme et des libertés. Ces spécificités contemporaines comportent notamment la fraude électorale qui serait une affaire intérieure du pays ! »*[1]:

La régulation par le langage gestuel

Passager passif, attentif et inquiet à raison de quinze heures par semaine, j'observe la route, lorsque je ne m'assoupis pas, et remarque, après un an et demi, des faits inaperçus jusque là. Les balayeurs de sable sur l'autoroute avec leurs dérisoires balais de paille, leur pelle ou leur sac, pas vraiment protégés des voitures qui les frôlent.

Je découvre aussi la gestuelle de la route. La langue de signes de ceux qui attendent les microbus. En l'absence de transports ferroviaires, ce sont les microbus et les pick-up qui assurent le transport le peuple. Assez curieusement, pas d'arrêt de bus avec information des directions et rien n'indique sur le véhicule sa destination : ni inscription, ni numéro, ni pictogramme. Ce sont les gens, qui, sur le bord de la route, font d'étranges signes de la main, indiquant leur destination et incitant éventuellement le microbus à s'arrêter.

Le langage gestuel des voitures. Dans ce pays où rouler à droite et doubler à gauche n'est qu'une option parmi d'autres, où il n'y a pas de règles de priorité, où les marques sur la chaussée sont purement décoratives, où personne n'abuse des clignotants, toute la régulation repose sur l'observation et l'anticipation de l'autre. Chacun se faufile et décode la signification de la gestuelle automobile, devine ce que l'autre va faire, à sa manière de ralentir, d'accélérer, de déboiter, de se déporter, de slalomer, de se coller à la voiture, sur le côté ou derrière. La conduite est complexe, plus anticipation qu'application de règles ; plus complexe, elle est plus risquée.

---

[1] Soleiman Gouda dans le journal *Al-Masri Al-Youm*.

Rania se dévoile

Depuis que je suis ici, le voile reste une énigme pour moi : si certaines femmes voilées semblent écrasées par de multiples oppressions, d'autres en revanche, sont extrêmement coquettes et on ne distingue pas, dans le comportement des étudiantes de notre université à l'égard des hommes - se rapprocher, serrer la main, plaisanter.. -, de différences évidentes entre les voilées et les non voilées. Certaines sont même très élégantes. Rania en faisait partie. Déjà très bien servie par son physique altier et souriant, perchée sur de hauts talons, portant des lentilles de couleur, maquillée, sa coiffure enserrée par un voile, toujours différent, toujours en harmonie avec ses vêtements. Rania s'est dévoilée. Je l'avais remarquée, bien que, dans un premier temps, je ne l'aie pas reconnue avec sa longue chevelure tombant sur ses épaules. Un événement ; ce n'est pas moi qui en parle le premier, mais la doyenne. Je n'attendais pas d'elle, qui est certes brillante et très ouverte d'esprit, mais croyante et plutôt austère dans sa tenue, une joie éclatante de voir une étudiante se dévoiler et une telle charge contre le voile. Je lui demande s'il y a quelque chose derrière le fait de se voiler ou de se dévoiler. Pour la doyenne, qui subit de multiples pressions de son entourage, c'est une évidence : les hommes demandent aux femmes de cacher leurs cheveux, puis leur cou, puis leur esprit.

El Baradaï, un garçon israélien, une jeune fille (printemps 2010)

Moubarak et El Baradaï

Les échéances politiques se rapprochent : dans un an, des élections présidentielles et même peut-être avant : la santé du président n'est pas terrible, bien qu'il ne se fasse pas soigner dans des hôpitaux égyptiens ! Il a pensé un peu tard à sa succession et ne s'est même pas débrouillé pour que son fils Gamal, qu'il voudrait voir aujourd'hui lui succéder, fasse un séjour suffisamment long dans l'armée et à un niveau élevé, pour qu'il soit regardé par l'armée, la grande muette détentrice d'un immense pouvoir, comme un de siens.

Entre en scène, El Baradaï l'homme de l'Agence internationale de l'énergie atomique (AEIA), celui qui a osé dire, avant la guerre américaine en Irak, qu'il n'y avait pas de preuves que l'Irak ait d'armements atomiques. Baradaï est très gênant, sa grande stature internationale et son éloignement de l'Égypte lui donnent une forte légitimité, d'autant que les soi-disant dirigeants des partis politiques sont, soit à la tête d'organisations fantoches créées par le parti dominant, soit compromis par le pouvoir en place, ayant accepté, à un moment donné, des miettes de la part de Moubarak.

Une bataille en règle se monte contre lui. On lui reproche de ne pas connaître l'Égypte, de ne pas avoir de parti politique, d'avoir aidé les Américains, d'avoir un passeport suédois (c'est un comble parce que le rêve de tout égyptien est d'avoir un passeport étranger, nord-américain de préférence, - on est ici très anti-américain ! -, ou, à défaut européen.[1]). Comme je suis sensé être initié sur ces questions, on est même venu me demander discrètement si je confirmais que sa femme était iranienne ! En dépit de ces charges, il a une *aura* extraordinaire et catalyse sur son nom toutes les frustrations, tous les refus, tous les espoirs. Un de ses plus forts soutiens, l'écrivain Alaa El Aswani, si pessimiste dans ses livres, est d'un opti-

---

[1] Deux ans plus tard, j'apprends que les islamistes, grands ennemis des Etats-Unis, ne boudent pas la nationalité américaine : la mère d'un salafiste postulant la candidature à la présidence est américaine, de même que deux des enfants de Morsi, Frère musulman premier président civil.

misme sans faille. Je suis tout de même un peu troublé que les Frères Musulmans se rapprochent de lui. En politique, comme ailleurs, les ennemis de mes ennemis sont mes amis, mais ce principe est toujours dangereux. Pour le moment, tout est verrouillé et Baradai ne peut être candidat sans changement constitutionnel.

Quel drôle de système où il y a une véritable liberté d'expression, mais où les opinions s'expriment dans les journaux, dans les taxis et dans les discussions, mais jamais dans les urnes ! Quel drôle de système où certains, qui sont les plus sévères critiques du pouvoir, rêvent de devenir ministres aujourd'hui quand ils ne le sont pas déjà dans le pouvoir moubarakien !

L'Égypte attend, mais elle ne sait pas ce qu'elle attend !

Presque normal

C'est une élève de la FEMIS, l'école nationale des métiers de l'image et du son à Paris, dont le court métrage de fin d'études, « *Presque normal* », a été sélectionné pour être présenté lors de la semaine du court métrage au Caire, manifestation de promotion du jeune cinéma égyptien organisée par notre Centre culturel. Cette jeune femme a déclenché un cataclysme diplomatique. Démission du président égyptien du jury, et, dans un premier temps, retrait du film du programme par le Conseiller et l'Ambassadeur de France. Puis réaction outragée du Ministère français des Affaires Etrangères, à cette décision. D'où résulte, une volte-face : avec le même enthousiasme et la même conviction, le Conseiller et l'Ambassadeur, rétablissent le film dans le programme. Démission des autres membres du jury et retrait des autres films égyptiens. Fin de l'épisode. La manifestation organisée pour promouvoir les jeunes talents égyptiens se fera sans eux !

Il faut dire que cette étudiante d'une école française est une Israélienne et qu'elle a fait son service militaire, comme l'attestent son blog. Surtout, elle a fait un film scandaleux dans le contexte moyen-oriental : *Presque normal* est l'histoire d'un garçon israélien qui, chaque année, doit fêter son anniversaire sur la tombe de son grand-père, héros de la guerre de 6 jours. Il en a marre des célébrations, invite un clown pour fêter vraiment son anniversaire.

Presque normal. Presque normale cette censure culturelle d'une étudiante française de nationalité israélienne dans un pays qui a empêché à Noël 300 Français d'aller manifester leur solidarité avec les victimes palestiniennes des Israéliens !

Je ne suis pas sûr de comprendre ce que c'est que le refus de la normalisation culturelle ente l'Égypte et Israël.

Presque normal suite

Trois semaines plus tard, se profile un congrès de mathématiques, que nous organisons avec d'éminents scientifiques français dans le cadre de l'année franco-égyptienne de la science. Les responsables égyptiens du comité d'organisation ressortent l'histoire du film, et blâment l'attitude du Centre culturel « *qui a choqué la sensibilité égyptienne* » ; comme réparation, ils demandent à pouvoir intervenir oralement et rédiger un panneau pour exprimer leur émotion et critiquer la position française. Le comité s'emballe, envisageant le boycott ou l'annulation du colloque. L'un de ses membres demande même si un des illustres intervenants français, a un passeport israélien, au vu de son patronyme ; le Conseiller, qui n'en rate pas une, demande s'il ne faut pas aussi prévoir des étoiles jaunes. Pour faire bonne mesure, un autre aurait même critiqué que le comité d'organisation comporte un Égyptien chrétien. Heureusement, le Ministre égyptien, saisi par l'Ambassadeur, siffle la fin de la partie et tout finit bien. Mais comment a-t-on pu en arriver là ? En dépit de l'issue heureuse, la vitesse, l'ampleur et la perversité de la bulle qui a monté en quelques jours, sont très inquiétantes.

Colloque de mathématiques

Exposé sur Fourier, pas Charles, le philosophe inventeur du fouriérisme, mais Joseph, le mathématicien issu d'une famille de 16 enfants dont 9 des frères sont morts en bas âge, trop pauvre avant la révolution pour entrer dans une armée réservée aux nobles. Premiers pas à l'Ecole Normale et à Polytechnique qui viennent d'être créées ; départ en Égypte comme savant, touche-à-tout et politique. Il est d'auteur de la préface de *La Description de l'Égypte* et préfet à Grenoble, inventeur de Champollion (plus exactement « Champollion-Figeac »). C'est l'exposé de Jean-Pierre Kahane, ancien président de mon université parisienne, aristocrate autant dans l'allure que dans le verbe ; membre du Comité Central du Parti Communiste dans les années 70 et membre de l'Académie des Sciences. Certains disent qu'il était plus difficile, à ce moment là, d'être membre du premier - le Comité Central - que du deuxième - l'Académie des Sciences - !

On avait annoncé Cédric Villani, un finaliste du concours pour la médaille Fields 2010, équivalent du prix Nobel pour les mathématiques décerné tous les quatre ans aux meilleurs jeunes mathématiciens. Je ne pensais pas que c'était le jeune homme aux cheveux très longs avec un grand sourire juvénile et une énorme araignée violette en broche. Il me régale à raconter ses inventions, solitaires ou collectives, provoquées par les hasards des rencontres et les étincelles qu'elles font naître, une période de fécondité intenses suivie d'une déprime stérile. Quel bonheur !

Une professeure de mathématiques de Polytechnique forme, dans son master de finance, ceux qu'elle appelle les « *Quants* » et est très fière d'avoir fait la Une du *Wall Street Journal*. Petit détail, c'était avant la crise financière et, depuis, elle se sent exposée, de même que ses disciples. Sa présentation, son plaidoyer *pro domo,* montre que ces élèves se bornent à calculer les risques et n'étaient pas les vrais décideurs. Après son exposé, des questions sur la crise financière et cette dame, à la tribune, rougit, balbutie et finit par dire, comme un potache de première année, qu'elle ne connaît pas la réponse. Avec des professeurs de ce type, qui enseignent les techniques financières en ignorant tout du système financier, les crises ont de beaux jours devant elles !

L'échec du nègre

Il m'était déjà arrivé de « faire le nègre », de préparer des discours pour les autres. J'avais, jusqu'ici, considéré cette fonction comme relativement subalterne, consistant à fournir des éléments de langage au personnage plus important et à lui épargner du temps de collecte d'informations, tout en lui suggérant quelques idées personnelles.

Trois jours auparavant, j'avais préparé le discours du Conseiller pour l'ouverture d'un colloque et, je dois dire sans modestie, que j'ai pris du plaisir à fignoler un discours destiné à être porté par la voix d'un autre et mes mots, dans sa bouche, avaient fière allure et beaucoup plus de relief que sur l'écran de mon ordinateur. Je suis ensuite sollicité pour préparer le discours de l'Ambassadeur pour la remise des diplômes de notre université, devant, entre autres, le Ministre égyptien des universités et notre pharaon. Le Conseiller me souffle que c'est le moment idéal pour faire passer mes idées. L'occasion est rêvée, je jubile, et prépare un triple message de l'Ambassadeur à destination du ministre, du pharaon et du proviseur. Le jour fatidique, quelle déception ! Le Ministre et le proviseur ne sont pas là et le pharaon, plongé dans le discours qu'il doit faire et dans la comptabilisation des ministres qui, à son grand dam, lui ont fait faux bon, n'écoute pas. Le comble, l'Ambassadeur lit le discours de façon mécanique, se reprenant, semblant ne pas comprendre ce qu'il lit, enlevant toute crédibilité à mon texte ! ! Echec au nègre que je suis.

La jeune fille et le désert

Je me souviens que la jeune fille blonde et belle, que j'avais ramenée de l'aéroport, remplissait la voiture de sa gaité et de ses rires. Elle n'aimait pas les promenades dans le désert. Pourtant ses parents faisaient partie des Français quadra qui partaient, souvent, en bande, passer deux jours dans le désert. Le charme de l'infini, du crapahutage, des nuits à la belle étoile. Mais le désert c'est aussi un endroit sans règles, sans règles qui protègent la nature et l'homme. Comme la route égyptienne, le désert pousse à la transgression, à la régression. Transgression des normes qu'on s'est fixées : comme des gamins, on fait vroum-vroum, on fonce sur les dunes, on fait des sauts, on fait les sots. Le désert rappelle quelquefois sa nature sauvage. La belle jeune fille blonde et gaie qui n'aimait pas le désert, n'ira plus jamais dans le désert.

Richesse des rencontres (Printemps 2010)

Il fait très chaud. On a dépassé il y a quelques jours les 44°. C'est déjà dur pour nous qui vivons avec de l'espace et des climatiseurs. Cela doit être terrible dans les maisons chaudes, sans air, où s'entassent des humains à la santé souvent fragile. Au bord des routes, des hommes ou des jeunes garçons brandissent des bouteilles en plastique pour quémander de l'eau.

Mon regard

Ma vie en Égypte est une permanente interrogation sur la perception. Je n'entends plus la cacophonie des klaxons qui heurte l'ouïe du nouveau venu. Je vois ce que je ne voyais pas ; je verrai demain que je ne vois pas aujourd'hui. Nos yeux, notre cerveau, portés par des préjugés, des émotions, des routines, trient, voient ce qu'ils veulent voir.

Mon regard est attiré par les pauvres. Des pauvres mal vêtus, boitant souvent. Des voitures rafistolées, des fantômes d'autobus datant de la période nassérienne, des vélos qui paraissent ne tenir que grâce à la poussière agglutinée sur les cadres. Rues poussiéreuses, défoncées, jonchées d'immondices. Enfants pauvres qui travaillent, qui mendient, qui trainent, mal habillés, peu ou pas chaussés. Ces femmes plombées par leur poids et leurs tenues, ces hommes souvent sales, souvent inactifs, entassés dans des minibus ou des pick-ups, travaillant de façon misérable, traversant l'autoroute en courant comme des lapins qui veulent échapper aux chasseurs. Mon regard est aspiré par cette misère, par cette triste humanité. L'image des riches glisse. Au regard échappent aussi les résidences luxueuses, « *ressorts* », protégées des intrus et des regards. Pourtant, cette classe riche existe et se développe rapidement. Mon regard ne fixe pas ces images.

Plus je m'enfonce dans ma réalité égyptienne, plus mon regard sur la France change. Quelques jours en France. Dans cette période de printemps et de grève, la France me paraît variée, multicolore, soignée, élégante, raffinée, subtile, sophistiquée, mais aussi, productive, tendue, stressée, inquiète, insatisfaite, dramatique, contestataire.

La science, occidentale, arabe ou islamique ?

Grâce à mon activité à l'université, grâce surtout à la place symbolique de cette institution dans le paysage français au Caire, sans commune mesure avec la réalité de son activité, j'ai de multiples occasions d'apprendre, d'entrevoir des territoires du savoir nouveaux pour moi. Mes apprentissages sont, à la fois, plus exotiques et plus fondamentaux que ce que je pouvais découvrir en France. C'est lors d'un colloque que j'ai eu un éclairage sur l'histoire des sciences, sujet singulièrement politique. Les occidentaux, et en premier chef les français, ont une tendance séculaire à s'approprier la formation de la science, au mépris de l'histoire et de l'apport « arabe ». En Ouzbékistan, j'avais été très impressionné par les premiers instruments d'astronomie, et, en Iran, par la dimension du mathématicien-astrologue-poète Omar Khayyâm (1048-1131), ou de médecins tels qu'Avicenne (Ibn Sīnā, 980-1037).

Mais il faut distinguer les perses et les arabes. Et de même que les occidentaux ont tendance à faire une OPA sur les découvertes arabes, les arabes ont une forte tendance à s'approprier l'apport des perses, leur frères, souvent ennemis, en les intégrant dans les savants arabes. Comment s'en sortir ? J'ai beaucoup aimé la manière dont le franco-égyptien Roshdi Rashed, spécialiste de l'histoire des mathématiques, présente les choses ; dans une interview, un journaliste iranien lui tend un piège : « *Pourquoi parler de « science arabe » alors qu'il s'agit d'une science créée par les perses et les arabes ? Ne vaudrait-il pas mieux parler de « science islamique » ?* » La réponse est extraordinaire, subtile et politiquement impeccable : il n'est pas correct de parler de « *science islamique* » pas plus que de « *science chrétienne* » ; en revanche, la « *science arabe* », est réalisée par des arabes ou des perses mais écrite en langue arabe.

Lors de notre colloque de mathématiques, Roshdi Rashed nous a fait un exposé sur les apports mathématiques très proches de Descartes et de Omar Khayyâm, cinq siècles plus tôt, sans que je comprenne malheureusement si leurs découvertes furent parallèles ou incrémentales. Mais il est bon d'entendre que l'histoire de la science mêle des génies européens, perses et arabes.

La main de Dieu dans l'histoire des hommes

C'est lors d'un dîner à l'ambassade où je suis, heureusement, relégué en bout de table, que j'ai rencontré un jeune dominicain du Caire, de l'Institut (réputé) Dominicain d'Etudes Orientales (IDEO), spécialiste d'arabe et d'Islam ; il fait partie de ces chrétiens occidentaux qui enseignent en Égypte la langue et la religion locales. Je le branche sur le fatalisme et c'est lui qui, pour illustrer le fatalisme, et poser la question de la main de Dieu dans l'histoire des hommes, prend l'exemple de l'accident de la route ! Sans caricaturer, on peut dire que, souvent, l'Égyptien qui a une vieille voiture mal entretenue et qui commet de grandes fautes de conduites, considère que l'accident qui survient est la volonté de Dieu. Comment s'en sort le dominicain ? Où est la présence de Dieu et la volonté divine ? En distinguant cause immédiate et cause seconde : l'Égyptien musulman considère que ce qui lui arrive est voulu par Dieu ; lui, le chrétien, considère que Dieu a voulu créer l'homme responsable (c'est la main de Dieu dans le monde) mais l'accident, lui, n'est pas voulu par Dieu, mais résulte de l'action des hommes.

Dans la foulée, il explique la prohibition de l'alcool par l'État, au-delà de la conscience personnelle des croyants musulmans : dans une certaine conception de l'Islam, la conscience humaine, naturellement viciée, ne peut servir de guide et c'est l'ensemble des règles révélées qui doivent être appliquées.

Il développe aussi l'opposition entre les religions avec magistère (le catholicisme), les religions sans magistère (protestantisme, Islam sunnite) et celles avec des mini magistères choisis (Islam chiite). L'inconvénient du magistère c'est que lorsque la hiérarchie se trompe, elle entraine tout le monde dans l'erreur, mais l'avantage c'est que, quand elle a raison, on évite les débordements.

Il revient sur la religion à l'épreuve de la raison, qui est, pour les catholiques, très récente (Vatican II).

Urbanisme : cité des morts et habitat informel

C'est lors d'un charmant week-end de juin chez Galila El Kady que le vent frais de la mer Rouge nous a fait oublier la canicule du Caire. A cheval entre un logement dans le vieux Paris et un appartement dans le vieux Caire, cette chercheuse franco-égyptienne, de formation architecte, devenue chercheur en histoire de la ville, collabore avec nous sur la gestion du patrimoine. Notre première rencontre, en 2008, m'avait laissé un souvenir inoubliable. Déjà, elle m'avait surpris en me donnant comme lieu de rendez-vous de travail, les deux Magots, à Paris. En avance, installé sur les banquettes de cuir, je vois arriver, dans cet automne parisien frais, une femme d'un âge mûr, élégante, avec un immense chapeau à plumes.

Mais lors de cette journée au bord de la mer Rouge, j'ai appris, grâce à elle, beaucoup de choses sur l'urbanisme.

D'abord sur les « cités des morts », au cœur du Caire, où cohabitent morts et vivants. Certains prétendent que cette présence des vivants chez les morts est récente et date de l'explosion de la démographie et des migrations internes en Égypte. Elle explique qu'au cours des dernières décennies, la densification de la population des cimetières s'est accrue avec viabilisation, eau, électricité ligne de bus, sillonnant entre les tombes. Mais la présence des vivants parmi les morts est très ancienne : il était de coutume, encore quand elle était jeune, que la famille s'installe pendant deux ou trois jours pour vivre dans le mausolée familial, dans l'espace organisé au-dessus des corps ensevelis. De plus, les tombeaux étaient, et sont toujours, gardés par des personnels vivant à demeure. Il existe un continuum entre la simple visite et la sédentarisation des vivants dans les cimetières, loin de la séparation physique, chez nous, des morts et des vivants.

Galila explique aussi le développement de « l' habitat informel » : des initiatives privées, en toute impunité, urbanisent les terres cultivables et fertiles de la vallée du Nil pour héberger des populations relativement pauvres. Tout le monde y gagne : ceux qui trouvent un logement, les promoteurs, les fonctionnaires, arrosés au passage, et l'État qui n'est pas en mesure d'offrir un logement social à ces conditions. Tout le monde y gagne sauf l'Égypte, qui voit rétrécir son maigre espace fertile, alors même que la population se développe. Je lui dis qu'il me semble que les Égyptiens sont abandonnés par l'État, Galila me répond, de façon terrible, que les Égyptiens sont d'abord « *abandonnés par eux-mêmes* ».

Le tourbillon des rencontres

Le tourbillon des rencontres percutantes, dans des genres différents, se poursuit. Nous avons le privilège d'avoir ainsi de nombreuses ouvertures sur le monde, sur le l'Égypte, le Moyen-Orient, la France, l'humanité tout simplement.

Gihane Zaki, la très charmante numéro deux du Conseil suprême de antiquités. Le numéro un, le célèbre Zahi Hawass mène un combat, rapatrier en Égypte les plus emblématiques des vestiges pharaoniques. L'homme au chapeau d'Indian Jones s'est fait les dents avec les Français en récupérant à grands fracas des fresques et va s'attaquer à la fameuse et magnifique Nefertiti borgne de Berlin. Ce combat légitime, bien que douloureux pour nous, est mené par un personnage gueulard, brutal, mégalo, imbu de sa personne. Gihane Zaki est tout l'opposé, fine, enjouée, subtile. Les rémunérations sont à la hauteur de la différence de style : le salaire mensuel de l'une est de 600 euros alors que l'autre fait payer 35000 dollars ses prestations audiovisuelles dans les médias occidentaux dans lesquelles il fustige Français, Allemands, Anglais et autres Américains.

Véronique, ancienne femme d'un grand metteur en scène français, convertie en femme d'affaires plutôt intrigante, bavarde au verbe cru, qui a été archéologue, professeur de français, avant de créer et gérer des hôtels de charme - espèce plutôt rare en Égypte - raconte des incroyables histoires de corruption : elle a dû acheter un vice-ministre pour obtenir la viabilisation de son immeuble. Elle décrit l'Égypte comme une association, paradoxale pour un esprit français, de dictature, en haut, et d'anarchie en bas [1]. Elle évoque aussi ces femmes d'Égyptiens, qui se feraient régulièrement tabasser.

Autres immortels en Égypte, à l'université française

L'Université française d'Égypte ayant reçu en 2008 le prix Louis D. de l'Institut de France, doté de 750 000 euros, il était normal que, deux ans après, nous ayons la visite deux immortels, Hélène Carrère d'Encausse, Secrétaire perpétuel de l'Académie française, et Gabriel de Broglie, Chancelier de l'Institut, et cinquième immortel de la famille de Broglie. Emouvant d'arpenter l'université avec ces deux octogénaires, frétillants en dépit de la canicule, et de deviser avec mon ancienne professeur à Sciences-po, qui me subjuguait par son charme et, aussi, par ses développements sur l'Europe de l'Est soviétisée.

Mariage civil et mariage religieux

La France, pays de laïcité, ne reconnaît que le mariage civil, les mariages religieux sont postérieurs au mariage civil, ou ignorés. Du coup, Hortefeux crie à la polygamie mais le fameux musulman polygame de Nantes n'est po-

---

[1] Formule extraordinaire dont j'aurai de multiples occasions de vérifier la pertinence.

lygame que par des mariages religieux non reconnus par le droit français. En ignorant les mariages religieux, la loi française ignore cette polygamie.

La situation en Égypte est exactement inverse. En l'absence de mariage civil, seul compte le mariage religieux : les musulmans ont leur mariage et même le remariage, puisque la religion n'empêche pas le divorce. Les chrétiens, les coptes, ont leur mariage, mais pas de remariage, puisque le divorce est interdit. D'où les déboires d'un copte qui, voulant se remarier, se heurte à un dignitaire religieux chrétien, qui refuse, au nom du dogme ; il fait appel à un juge qui impose au religieux de célébrer le mariage ! En l'absence de mariage civil, soit le prêtre enfreint les lois de son église, soit le copte ne bénéficie pas du « droit » de se remarier, à moins de se convertir dans une religion qui accepte le divorce !

Voile et vraie-fausse virginité.

Certaines égyptiennes, frustrées par la communication avec leurs mâles, ont une surprenante propension à me faire des confidences, sans doute parce que je suis français et d'un âge plus que canonique.

La cerbère du pharaon, la « chef de cabinet » voilée, me confie une partie de ses déboires sentimentaux. Après maints épisodes de l'histoire de celui qu'elle connaissait depuis de nombreuses années, qui l'avait lâchée et qui s'était « engagé » avec une autre, comme elle l'avait appris par *facebook*, elle revient sur ces deux premiers prétendants, l'un qui voulait qu'elle arrête son activité professionnelle et reste et à la maison et l'autre qui, après l'avoir arnaquée, disparaît et lui laisse pour dix ans une dette bancaire. Sa famille lui trouve ces jours-ci un nouveau prétendant, d'âge très mûr ; dès la première conversation téléphonique, il annonce la couleur, elle doit arrêter de travailler et porter le voile intégral, elle qui est déjà, « normalement » voilée. Il arrive, au moins ici, que le port du voile soit imposé aux femmes par leurs maris !

May, qui travaille aussi à la faculté, s'emballe sur un autre sujet, les stratégies de gestion des vraies-fausses virginités le jour du mariage. Il est impensable pour la promise de ne pas être vierge, même si elle ne l'est pas. Elle me détaille les différentes techniques de recréation de l'hymen, dont celle qui dure un jour et qui ne coûte pas cher mais il faut bien calculer son coup et que le promis consomme le mariage dès le premier jour ! Elle me raconte aussi les stratagèmes mis en œuvre par deux de ses amies qui ont évité l'intervention, l'une en invoquant une opération des ovaires qui l'aurait déflorée - et le benêt de promis n'a pas fait confirmer les dires de la belle par ses parents ! -, l'autre se débrouillant pour que la consommation du mariage ait lieu en fin de période de règles et simulant une défloration douloureuse. L'honneur est sauf !

Le jour où j'ai débondé (juil. 2010)

Bernard Giraudeau vient de mourir à 63 ans ; il était, paraît-il, avide de rencontres pour « *vérifier que l'on fait partie de la famille des humains* ». Quel beau programme ! 14 juillet à l'ambassade relativement sobre. L'ambassadeur fait comme certains de l'équipe de France, il remue les lèvres pendant la marseillaise.

J'ai débondé

J'ai débondé. Je précise, avec un clin d'œil pour ma mère, j'ai bien dit « débondé » avec un o. Débonder « *donner libre cours à des sentiments longtemps contenus* » vient de « *ouvrir en retirant la bonde* ». J'ai débondé d'un seul coup, sans préméditation. Pourtant, cela avait commencé comme d'habitude.

J'entre dans le bureau du pharaon pour une question de détail et, d'un geste auguste du bras, comme à son habitude, il m'invite à m'asseoir en face de lui avant de me demander ce que je veux boire et partir sur d'autres sujets. Avant de le quitter, je m'entends dire que, n'en pouvant plus de ce manque de professionnalisme, je ne peux plus travailler dans ces conditions là... S'autoproclamant meilleur traducteur, il a, en effet, passé une grande partie des deux dernières semaines à réécrire une traduction d'une professionnelle que j'avais contactée, traduction revue par nos professeurs de traduction. Pourtant le texte original est, somme toute anodin, ce n'était, ni du Mallarmé, ni la résolution 242 de l'ONU sur les territoires occupés qui a fait couler beaucoup d'encre (retrait « des » territoires occupés i.e. « de tous les » territoires occupés ou « de certains » territoires occupés), simplement un texte de présentation d'un master. Ce comportement typiquement osmanien d'omni-président, de dirigeant sachant tout faire, tout sauf faire-faire, incapable de déléguer et de distinguer le détail de l'important, pris dans le détail et oublieux du stratégique, est tout simplement insupportable. C'est lui qui me fait débonder. Il est facile de claquer la porte, plus difficile de revenir. Je retourne dans son bureau le lendemain avec, pour affirmer mon cartésianisme et ma méthode, une liste de questions à voir ensemble. Ce qui devait arriver arriva. Remake d'une scène précédente. Avec un large sourire, il me tend la main, me serre le bras, les yeux embués, mi-chien battu, mi-amoureux transi, et bredouille une explication du type « *dans une structure comme celle-là je dois tout faire* » et nous repartons pour un tour.

Figures de coopérants

A tout seigneur tout honneur, commençons par Son Excellence. De prime abord décontracté, jovial et moqueur, il n'a pas la morgue qui sied à sa fonction. Il est vrai que, bien que sur un gros poste, il n'est pas issu du sérail, de l'ENA. Il a tout de même une manière, plutôt énervante pour l'interlocuteur, de ne pas vous regarder lorsque vous lui expliquez quelque chose. Arabisant, il prend un plaisir évident avec des érudits locaux à discuter le choix des mots d'un texte juridique arabe ; il est égyptophile et tend à minimiser les défauts et défaillances égyptiens : plus de cent coptes tués par an (je ne suis pas sûr du chiffre) ce n'est pas si grave que cela, et 150 livres égyptiennes (20€) par personne et par mois, la famille égyptienne peut vivre avec. Dans un rapport fusionnel avec les Égyptiens et le Ministre de l'enseignement supérieur, il a l'art, conscient, ou inconscient, de tirer sur un fil et de détricoter les trames de coopération exigeantes que nous avions patiemment tissées. Est-ce sa culture, les penchants d'un amoureux du Moyen-Orient ou bien est-il en service commandé, appliquant une politique qui considère que l'Égypte de Moubarak est la pièce qui garantit la paix, ici et ailleurs, et qu'il faut fermer les yeux sur la corruption, l'absence de véritable démocratie, l'inertie, et un système qui abandonne le peuple ?

Le Conseiller, Ange exterminateur, est tout à l'opposé de l'ambassadeur, sauf son goût pour la plaisanterie et la franche rigolade. Peu soucieux de l'institutionnellement et du politiquement correct, il dresse des portraits féroces et se bidonne de ses anecdotes hilarantes. Il ne voit pas grand'chose de positif en Égypte, en dehors du patrimoine pharaonique. Il passe son temps à théoriser et à formuler son action, ce qui n'est pas pour me déplaire, bien que j'apprécie plus son goût de la transparence provocatrice que le cynisme qui la sous-tend. Ses formules et ses aphorismes, souvent soufflées par le « contribuable » ou l'image qu'il en a, et son appétence pour la suppression de postes, émaillent ses propos. Deux sont particulièrement éloquente de sa manière de voir. Il pense que « *la coopération est une autre manière de faire la guerre* » et nous met en garde contre le fait de devenir des « *nègres blancs* ». Tout un programme ! De toutes ces sentences, une me paraît particulièrement judicieuse, « *la France doit moins rechercher l'influence que la crédibilité* ».

On retrouve chez les coopérants de l'université un même éventail très ouvert de sensibilités, preuve d'un pluralisme qui ne favorise par un comportement cohérent.

A un extrême, Bruno représente l'osmose, la proximité avec les Égyptiens, le dialogue tel que l'on ne sait plus très bien démêler le tien du sien, une harmonie au prix de nombreuses couleuvres.

A l'opposé, E.T. et Yasmina. E.T. est professeur de physique, dont on se demande comment la tête ronde tient à sur un cou si long et si étroit. Célibataire qui parcourt le monde avec ses - évidemment - bons cours et bonnes méthodes, il a tendance à « les » regarder de haut.

Yasmina est une grande et belle femme française d'origine libanaise. Loin de considérer que cette origine est un atout, elle en fait un handicap qu'elle dissimule et fait semblant de ne pas parler arabe ; de même que les derniers immigrants américains sont les plus virulents défenseurs de l'Amérique, elle a tendance à se considérer comme le navire amiral de la France. Fait aggravant, elle est chrétienne, ce qui, au Liban comme en Égypte, ne renvoie pas à des convictions mais à une appartenance et à des haines ancrées aux tréfonds de soi, dans la chair même, surtout quand on a perdu un père et une sœur dans une guerre fratricide qui opposait chrétiens et musulmans. Sentiment fort d'être français et animosité à l'égard des Égyptiens se conjuguent pour construire une image de « croisé » - qui rappelle l'alliance des chrétiens du Moyen-Orient et des Croisés -. Si l'on rajoute qu'elle ressent comme une agression le regard porté par les hommes égyptiens sur elle et sa fille et, qu'elle a fait l'objet de deux incursions agressives, on imagine facilement que, des difficultés du travail à la parano, il n'y a qu'un pas, vite franchi.

Le sable et le roc du désert deviennent ville

La ville du Caire semble immobilisée sous sa crasse, qu'il s'agisse de bâtiments anciens, dont les plus beaux relèvent des architectures ottomane, mamelouk, ou haussmannienne, ou de bâtiments en construction, en panne de construction, perpétuellement en construction, paysage où, seuls, détonnent les grands hôtels internationaux, propres, modernes, souvent en travaux. Comme les pyramides, la ville paraît immuable.

En revanche, autour de la mégapole, un chantier permanent d'où émergent des villes improbables[1]. Le spectacle est saisissant. De même que les archéologiques font émerger du sable les vestiges de tombeaux, de temples, de nécropoles, de villes, de même, urbanistes, architectes et ouvriers font sortir du désert des villes nouvelles. Des engins découpent les falaises pour les transformer en blocs de pierre ; d'autres collectent le sable ou les graviers, d'autres découpent une ville dans le rocher du désert, dessinant routes, plateaux, sous-sols, une place, aujourd'hui incongrue, autour d'un piton de pierre. Ce n'est pas la ville qui se crée dans le désert, c'est le désert de rochers et de sable qui se mue en ville bâtie.

---

[1] Les égyptiens semblent plagier la formule de Monnier (ou Alphonse Allais) « *On devrait construire les villes à la campagne, l'air y est tellement plus pur* ! » avec un « *On construit les villes dans le désert, l'air y est tellement plus pur* ! ». Dans ce pays à la démographie qui galope, replié pour se nourrir sur l'étroite vallée du Nil, l'urbanisation du désert présente l'avantage de na pas détruire des terres cultivables.

Le grand sablier égyptien (oct. 2010)

A la mi-temps, deux ans passés déjà, deux ans à venir, mes enthousiasmes, mes surprises, mes indignations s'émoussent. Est-ce l'effet des retombées de douceurs françaises et familiales estivales ? D'un ramadan et d'un aïd peu propices au dynamisme ? Du sentiment d'impossibilité, ou d'impuissance, à réaliser le projet de l'université ? D'un septembre et un début d'octobre étouffants ? D'une route semble-t-il plus sûre et plus soporifique ? De la noria des expats qui nous prive de certains complices ? Ou bien, tout simplement, de l'immense sablier égyptien qui me recouvre et m'engloutit progressivement ?

Saint Etienne du Mont et la mosquée Omar Makram
A moins d'une semaine d'intervalle, je participe à deux cérémonies de funérailles. En plein Paris, à Saint Etienne du Mont, à deux pas du Panthéon et en face du lycée Henri IV, pour le vice-président de l'université Paris-sud, et, en plein centre du Caire, à la Mosquée Omar Makram, à deux pas de la grand'place Tahrir, pour le président du conseil de surveillance de l'Université française d'Égypte.

C'est dans les lieux de culte que les vivants, quelles que soient leur croyances, se retrouvent pour dire adieu aux morts. A la voix *a capella* d'un sublime *Ave Maria* dans cette église claire et lumineuse dont le jubé élancé resserre les espaces autour des fidèles, répond le chant du cheikh qui psalmodie le Coran. Là s'arrête la ressemblance. A Paris, une cérémonie autour d'un cercueil dont la matérialité du bois rappelle la matérialité du corps, au Caire, des obsèques sans un corps qui a été inhumé dès les premières heures. A Paris, des rangs parallèles d'hommes et femmes mélangés, ici une assemblée d'hommes, alignés dans des rectangles, la plupart, aux tempes très grises. A Paris, des mines recueillies à l'air contrit, ici des faces plutôt gaies qui montrent la joie de se retrouver et de se donner l'accolade. Là-bas des fidèles accompagnent le rite dirigé par les prêtres, ici des hommes, débonnaires, gèrent leur temps : rencontres, thé, coups de téléphone.

Dans l'église, le prêtre délivre un message que j'emporte en Égypte : pour Pascal, la foi est au-dessus de la raison, non contre la raison, mais au-dessus ; il rajoute que, plus la raison est haute, plus la foi le sera. Quelle leçon actuelle pour les chrétiens créationnistes comme pour certains musulmans !

Pour ma deuxième participation à des obsèques, de crainte d'être pris au dépourvu, j'avais recueilli des consignes claires auprès de la doyenne : porter un costume et une cravate sombres, serrer les mains de la rangée d'hommes à l'entrée de la mosquée, s'installer, surtout attendre pour sortir que le Sheikh cesse de psalmodier, serrer les mains à nouveau en sortant. C'est l'ignorance de ce code (on peut entrer mais on ne peut pas sortir pendant le chant), qui, lors des condoléances précédentes, m'avait donné l'impression d'être pris dans une nasse. La doyenne précise que, dans des funérailles d'une telle importance, le Sheikh s'arrête souvent pour permettre le turn-over des visiteurs. A mon grand désarroi, le Sheikh s'arrête et personne ne sort et, là aussi, pris dans la nasse, je dois attendre la marée descendante pour me faufiler à l'extérieur.

Faste des mariages et des fiançailles

Deux funérailles, deux mariages et des fiançailles, j'ai la chance d'être invité à partager ces temps forts de la vie des Egyptiens, il est vrai plus enclins à vous inviter à des cérémonies dans des hôtels ou des mosquées qu'à vous inviter à dîner à leur domicile. Le mariage de la fille d'un professeur de droit, les fiançailles de la fille d'une responsable administrative de l'université, donnent lieu à des réceptions somptueuses, l'une dans un grand hôtel, l'autre dans un fameux restaurant péniche sur le Nil. Pas de discours de pères tristes de voir partir leurs filles, pas de discours des copains racontant des histoires salaces sur le passé du fiancé ou de la fiancée au temps où ils étaient encore boutonneux. Pas de discours, mais quelle mise en scène ! La fiancée arrive la dernière, ce qui veut dire très tard, et au bras de son promis, au milieu d'une rangée émue et émerveillée, sous les feux, et filmée comme s'il s'agissait d'une princesse ou d'une star. L'élégance des femmes est frappante. Si les tenues des voilées sont sobres, les jupes courtes, souvent très courtes des non-voilées montrent de très jolies jambes dont j'avais oublié jusqu'à l'existence mais qui participent à l'équilibre du monde, comme le dit François Truffaut. « *Les jambes des femmes sont des compas qui arpentent le globe terrestre en tous sens, lui donnant son équilibre et son harmonie.* »

Ce que l'on exhibe et ce que l'on dissimule

Quel contraste entre ces jambes fines et fières et la rue cairote : pantalons, sobriété des vêtements de la rue, tenues qui ne semblent cacher que des corps gros et peu gracieux. Lors d'une réception, ma voisine de table, qui ne cache pas ses appas, et auprès de qui je m'en étonne, m'explique que les Égyptiens, des classes supérieures s'entend, s'habillent dans des espaces privés mais pas dans les espaces publics, pour ne pas « *choquer le peuple* ». Quelle opposition entre ce qui est montré et ce qui est caché. Ici, les pratiques religieuses sont ostentatoires : les hommes prient partout, dans les mosquées, dans les rues, dans les boutiques, dans les couloirs de l'université du Caire, et même dans le vestiaire de notre club, pendant que d'autres se changent. Ici les corps sont cachés, ou du moins montrés dans les espaces privés de certaines classes sociales. Là, en France, les convictions religieuses appartiennent à un espace privé qui ne se montre pas, alors que visages et les corps se donnent en spectacle.

Discriminations et préjugés

Une femme copte me rappelle les discriminations dont les chrétiens sont victimes. Certains emplois leur sont interdits. L'enseignement de l'arabe, parce que l'arabe est la langue du Coran, est réservé aux musulmans. La gynécologie aussi est un domaine réservé : un médecin copte ne peut pas être gynécologue. Les patientes musulmanes ne doivent pas être vues nues par des non-musulmans, mais les chrétiennes peuvent être vues nues par un musulman. Dans les restaurants, pendant le ramadan, on ne peut pas servir de l'alcool aux chrétiens égyptiens. Pour boire, il vaut mieux rester chez soi, ce que font aussi les musulmans, ou bien devenir non-Égyptien. L'interdit religieux s'impose aux autres religions. Mais la chrétienne précise que, de toute façon, c'est mieux en Égypte que dans les pays « arabes » (les pays du Golfe). Dieu merci.[1]

La France vue d'Egypte

Représenter à l'étranger, même à un niveau modeste, la France de Sarkozy et de Kouchner, est chose de moins en moins évidente. L'autre soir, l'ancien président de l'Université d'Alexandrie, nouveau président de l'université Senghor, et le responsable de la Chambre de commerce et

---

[1] Un de mes premiers jours à l'université, j'avais été convoqué à une réunion pour l'attribution de bourses d'études. Le pharaon me met en garde : les déclarations de ressources des parents sont souvent peu fiables, le salaire annoncé ne représente qu'une petite partie des revenus. Mais je dois savoir que « *c'est un problème culturel* », « *Comment dire, certains groupes socioculturels sont particulièrement enclins à frauder* ». Il m'invite ainsi à mettre les pieds dans le plat, ce que je fais avec curiosité et inquiétude. « *Mais de quels groupes s'agit-il donc ?* » Réponse « *Des coptes* ».

d'industrie franco-égyptienne, tous deux au chevet de l'Université française d'Égypte, disaient que, si l'armée de Bonaparte n'était restée que deux ans en Égypte, l'influence française, intellectuelle, scientifique et culturelle, durait depuis deux siècles. Même Mohammed Ali, le despote, éclairé et analphabète à la fois, importait toutes les idées de la France. Ces deux brillants francophones vont plus loin : l'Égypte est un pays anglophone, avec une petite minorité qui « parle français » mais ceux qui « pensent français » sont dix fois plus nombreux. Comment ne pas sentir des bouffées de plaisir et de fierté lorsque l'on entend de tels propos, fierté d'être français et, de surcroît, vice-président de l'université française !

Mais il y a les maigres réalisations de l'UFE et la politique française ! Déjà, nos procédures d'octroi de visas, lourdes, arbitraires, humiliantes et, dans certains pays corrompues, donnent l'image d'une forteresse assiégée par des étrangers, tous nécessairement pauvres, et tous nécessairement bardés de mauvaises intentions. Kouchner, quel ministre des affaires étrangères ! Ridicule lorsqu'il disait qu'il allait prendre un avion pour aller à Téhéran, sauver la femme menacée de lapidation. De surcroît, l'atlantisme primaire de Sarkozy, fasciné par la culture cow-boy, peu balancé par les embrassades avec Moubarak, ne lui donne pas dans les pays du Sud l'image d'un Chirac redorée par le refus de l'engagement en Irak et le discours époustouflant de Villepin aux Nations-Unies.

Surtout, en Égypte, dans un pays (parmi tant d'autres) qui manque cruellement d'un état de droit, dont le racisme et la xénophobie sont sous-jacents, comment donner des leçons ou proposer des modèles, quand le pouvoir présidentiel français organise des discriminations ethniques, tente d'étouffer la justice et de mettre au pas les médias !

Pauvreté, servilité et dépendance

On voit, on vit, chaque jour, les effets des bas salaires et de la pauvreté. La pauvreté qui exclut, exclut de l'hygiène, des soins, d'une nourriture correcte, d'une éducation, même de faible qualité, exclut de la sécurité. Une pauvreté qui rend vulnérable à toute hausse de prix. Une pauvreté qui pousse à la mendicité, à la corruption.

Des inégalités de revenus qui reflètent et renforcent de grandes différenciations sociales. Elles cimentent la société, créent une dépendance entre riches, dont nous faisons partie, et pauvres. Les pauvres dépendent des riches et paient souvent cher cette dépendance en mépris, humiliation et remontrances. Les riches payent, et se déchargent sur les pauvres des taches ingrates, nettoyer, conduire, attendre, vider la poubelle, planter des clous. Les riches dépendent des pauvres et perdent leur autonomie. « *J'aime beaucoup aller en France mais je ne pourrai y vivre, ici j'ai deux femmes de ménage et un chauffeur c'est impossible en France ; mon fils, étudiant en Angleterre, ne peut payer une femme de ménage* ». Ils ont (nous avons) l'air de grands enfants dépendants, assis à côté du chauffeur, ou princes d'un autre âge, avec le chauffeur ou la secrétaire qui suit en trottinant et en portant serviette ou ordinateur.

Pas de place pour des rayons de bricolage à Carrefour ou des meubles en Kit en Égypte. Le bricolage est le symbole d'une société marchande composée d'individus autonomes dans laquelle on achète les objets de son travail. Dans les pays en voie de développement, l'homme riche achète sur le marché, de la main d'œuvre, du temps et de la dépendance servile.

Images variées (nov. 2010)

Côté boulot, cela n'arrête pas de ne pas avancer. Le pharaon, qui est plus dans le paraître que dans le faire, va être très occupé par la probable venue à l'université de la « Première dame » (Suzanne Moubarak)[1].

La francophonie dans les écoles

Nous faisons des présentations de l'université dans les lycées francophones pour recruter des futurs étudiants.

A Notre-Dame de la Délivrande, Mère Marguerite parle avec émotion de Nada, une élève de l'université française, ancienne élève de son école et victime des attentats de 2004 à Nuweiba. Peu de temps après, à l'université, Nada, jeune fille brillante, voilée et toujours souriante, me raconte l'attentat dans lequel elle a perdu une grand-mère, l'autre étant blessée comme elle, les mois passés à l'hôpital avec un défilé de professeurs pour la former et l'évaluer. Elle me montre, toujours souriante, son poignet qui contient dans la chair des débris de métal de la bombe.

A Notre-Dame de Zeitoun, le directeur atypique, tout petit, tout menu, souriant de ses grands yeux bleus et la directrice du secondaire, au français parfait, bien qu'elle n'ait jamais quitté l'Égypte. Exposé sur les cours particuliers qui font déserter le lycée, enrichir ceux qui les organisent et appauvrir les familles, 750 euros par matière pour des cours qui ne sont pas vraiment particuliers, les effectifs variant entre 55 et 170 élèves, plus privés que particuliers. Les cours particuliers donnent lieu à une escalade verbale : « *C'est une maladie .. une maladie contagieuse .. une épidémie !* »

Souvent un mobilier d'un autre âge, des images pieuses cohabitent avec les photos d'un toujours jeune Moubarak ; des formules, spirituelles ou morales, écrites d'une écriture enfantine sont placardées sur les murs, des arbres, on dirait des arbres généalogiques, des mères qui ont dirigé l'école. Des jeunes filles voilées sagement rangées dans

---

[1] Heureusement, elle ne viendra jamais ; voir infra.

une salle ornée d'un crucifix. Dans les bibliothèques, des livres, bibliothèque rose, bibliothèque verte, dont les livraisons ont dû s'arrêter dans les années 60. Des bureaux avec larges chauffeuses pour les moments du thé. Je croise aussi des perles et des militantes obscures de la francophonie. L'impression que les écoles, véritables musées vivants, accumulent des strates : religieuses du XIX°, bâtiments des années 30, livres des années 60. Seuls les enfants, dans leurs bruits et leurs jeux, appartiennent au temps présent.

Retour sur volcans (ou un des volcans) du monde

Au Liban, à quelques kilomètres d'Israël, Ahmadinejad, enflamme des foules masculines, enthousiastes et excitées. « *Les sionistes doivent rentrer dans leur pays* ». Au delà de ces diatribes et provocations contre Israël, il marque son territoire : « *Nous sommes ici à la frontière entre l'Iran et Israël* » ce qui fait un singulier raccourci car Téhéran est à 1500 kms de Beyrouth. Le président iranien attise les hostilités, les rivalités, la guerre entre chiites et sunnites dans un pays au bord d'une guerre civile et dans une région qui n'a pas besoin de cette nouvelle source d'instabilité.

Au même moment, on reçoit à la maison un professeur de droit égyptien qui développe tranquillement l'argument selon lequel le Hamas en Palestine a un programme qu'il réprouve personnellement mais a aussi la seule attitude juste par rapport à Israël, la lutte et le rapport de force. Quelques semaines plus tard, un jeune chauffeur de taxi de Damas, étudiant aux cheveux longs, professe avec la même détermination son soutien au Hezbollah et son attachement à la séparation entre religion et politique.

Israël neutralise, ligote, écrase, humilie l'Autorité palestinienne et, à travers elle, les Palestiniens, les poussant, ainsi que leurs soutiens, dans les bras des Hamas et du

Hezbollah. Quel aveuglement des pays occidentaux qui répugnent à imposer à Israël une véritable paix !

Conférence de sciences politiques avec d'éminents Français. Un constat : les deux forces politiques dominantes aujourd'hui dans le Moyen-Orient arabo-musulman sont (en dehors d'Israël) deux pays non arabes, la Turquie et l'Iran !

Une idée se répand : l'État palestinien et la solution des « deux États » ne verront pas le jour. Non seulement Israël ne veut pas d'un État palestinien mais la séparation entre deux États est de moins en moins possible, en raison de l'importance de la population des colons en Cisjordanie et de l'imbrication des deux populations. Si la solution « deux États » n'est pas réalisable, reste la solution « un État ». C'est sur ce registre que notre ambassadeur déroule, avec optimisme et enthousiasme, sa dialectique : « on » (je ne sais pas très bien qui est « on ») propose deux États au Conseil de sécurité et, en cas de veto, dit-il triomphant, on se retrouve avec un seul État, aujourd'hui à majorité israélienne, demain à majorité palestinienne. Ce qui explique la volonté de verrouillage de Netanyahou qui veut faire inscrire dans le marbre qu'Israël - dont 20% de la population est arabe - est un État juif. La perspective d'un seul État réjouit Son Excellence mais trouble le profane que je suis : Israël, qui refuse la solution des deux États, accepterait mieux d'être inclus dans un État à majorité arabe ? Ou bien allons-nous vers un État avec un apartheid proche de celui de l'ancienne Afrique du Sud ? Sur le bord de la Méditerranée, au cœur du Moyen-Orient ?

Dîner chez l'ambassadeur

Enfin ! Non invité depuis l'été, je me demandais si je n'étais pas tombé en disgrâce. Quelle horrible perspective ! Cela commence bien, d'autant que c'était animé par Henri Pigeat, ancien directeur de l'AFP, qui raconte des histoires faisant partie de la grande histoire, dont l'interview de Sadate peu avant son assassinat. Le dîner tourne ensuite au vinaigre. Son Excellence est ambassadeur mais Madame aussi et se cantonne, difficilement, à être ambassadeur sans poste, ambassadeur simple femme d'ambassadeur. Ce dîner-là, elle essaie d'en placer une. Je crois revoir mon père et ma mère. Elle qui essaie d'exister, par l'opinion, la provocation, l'interruption, le bon mot, la complicité avec le voisin de table. Lui, excédé, regarde au plafond, l'ignore, continue un autre monologue. Plus le dîner s'allonge, plus le vin se diffuse dans les veines, plus ses mots, à elle, deviennent confus, plus ses propos, à lui, s'étirent terriblement. Lugubre. Un peu plus tard, je m'étonne auprès du conseiller culturel, qui, toujours philosophe et toujours drôle, dit « *En fait, il ne faut pas oublier qu'un ambassadeur, c'est un homme comme les autres* ».

Mutisme sur la Grande Muette (oct. 2010, 3 mois avant la révolution)

Antoine Bevort un de mes lecteurs, avait souligné que je n'accordais pas assez d'importance à l'armée. Le rédacteur en chef du premier journal francophone, El Arham hebdo, le brillant Hicham Mourad, évoquant les sujets dont il ne faut pas parler, outre le président et la religion, évoque l'armée. Il faut être muet sur la Grande Muette. En fait, si la présence de l'armée ne se manifeste aux yeux de l'étranger que par d'immenses espaces au cœur de la ville bordés de hautes murailles et de miradors ainsi que sur les routes des convois de tanks fatigués et des statues dédiés aux nombreux héros militaires, en revanche, elle est fortement présente dans les discours ironiques des Égyptiens que l'on branche sur le sujet. L'armée est riche, d'argent, d'industries, de pouvoir et le pouvoir civil lui donne des gages pour s'en assurer sa loyauté.

Escapade en Syrie
Une semaine en Syrie. Un véritable voyage dans notre histoire : Palmyre ville de Zénobie, ville romaine de pierres claires, Bosra et son merveilleux amphithéâtre romain de basalte, noir, Sergilla et les autres villes mortes du début de notre ère, Saint Siméon et son festival d'arches et de tours arrondies du début du christianisme, le château de Saladin (dans un décor proche des reliefs du Lot) et le Krach des chevaliers, mémoires de la présence des croisés, les villes Alep et Damas, associant des quartiers musulmans et quartiers chrétiens qui rivalisent de pittoresque.

Nous n'avons pas une bonne image de la Syrie, dirigée par un Bachar El Assad, dont la photo est omniprésente sur les murs et les voitures avec sa petite moustache et son regard fixant le lointain, souvent en bonne compagnie, avec sa femme blonde non voilée, ou avec son père, le redoutable Afez, ou bien Ahmadinejad et Nasrallah, le chef du Hezbollah. El Assad domine et manipule le Liban, finance le Hezbollah du Liban et le Hamas de Palestine.

Pourtant cette mauvaise image extérieure s'évanouit dès que l'on met les pieds dans ce pays, surtout lorsque l'on vient d'Égypte. Pays propre dans lequel des inégalités semblent beaucoup moins marquées. Pays entretenu. Pays sans poubelles-voitures, poubelles-camions, poubelles-autobus. Pays dont la jeunesse exprime sa gaité dans les rues piétonnes. Restaurant et restauration élégants. Délicieuse nourriture. Pays vivant avec règles et code de la route. Si les femmes d'Alep portent souvent un voile noir envahissant et sinistre, recouvrant même les yeux, c'est la burqua sans les grilles, celles du centre de pays souvent ne portent pas le voile et, à Damas, la grande variété de tenues de femmes, semble indiquer que la liberté compte plus que le conformisme social et le qu'en-dira-t-on.

Retour en Égypte, l'Égypte poussiéreuse, inégalitaire, qui se laisse aller, qui vit au rythme des *Inch'Allah* (si

Dieu le veut) et des *El Hamdulillah* (grâce à Dieu), avec ses galabeyas, ses poubelles voitures-camions-autobus, ses trottoirs défoncés, jonchés d'immondices, Une Égypte conservatrice, conformiste et schizophrène. Mais quel charme ! Et puis quel peuple gentil et souriant !

Un putsch qui fait pschitt

Le Conseiller, qui a peu d'estime pour le pharaon, et l'attachée, qui est tout autant méprisée par le pharaon, cumulant les handicaps d'être une femme, d'origine marocaine et de ne pas être ambassadeur, fomentent un putsch dont la perspective me ravit, bien qu'elle soit très hypothétique. La disparition brutale du président du Conseil de surveillance éminent diplomate, fournit une occasion rêvée. Avec notre candidat à la succession, nous brassons des idées, de nature à impulser une nouvelle gouvernance. Au moment de se quitter, il me commande un *power-point* avec des idées de programme, que je rédige dès le lendemain. En fait, de changement de gouvernance, on est servi ! Il se fait élire à mains levées, avant de présenter son « programme », léger et touffus à la fois, contradictoire, oublie la plupart de thèmes stratégiques que nous avions abordés. Pschitt !

Dessous du voile. Que cache le niqab ?

Est une histoire vraie ? Le Conseiller, l'Ange exterminateur, aime tellement amuser la galerie en truffant ses analyses d'histoires vraies, de blagues, de bons mots et de références cinématographiques, que j'ai des doutes. Voici son récit. Au Centre culturel, défilent de nombreux élèves, avides d'apprendre la langue de Molière. Parmi eux, parmi elles surtout, des femmes voilées et même une, ou quelques unes, portent le niqab noir qui fait tant jaser en France. Il interroge les professeurs sur ces étudiantes, ou cette étudiante, sans savoir exactement s'il s'agit d'une ou plusieurs. Les professeurs s'attardent sur un cas, une étudiante qui ne pose aucun problème, qui lève son voile en cours. En fait, elle est très jolie. Elle a même un métier. Elle est actrice de cinéma. Elle a même tourné dans des scènes osées. C'est la raison pour laquelle elle porte le voile intégral pour ne pas être reconnue et ne pas avoir de problèmes. Hortefeux, te rends-tu compte ?

DEUXIÈME PARTIE

La révolution

Révolutionnaires, Barbus et généraux

Victoire du parti, défaite du pays

Un parti gagnant un pays perdant (nov. 2010, deux mois avant la révolution)
Elections législatives égyptiennes. Victoire du NPD, le parti de Moubarak, au premier tour. Les partis d'opposition se retirent pour le second tour. Titre éloquent d'un journal égyptien : *L'Égypte est la grande perdante de ces élections. Moubarak président d'un parti gagnant et d'un État perdant*. Le NPD de Moubarak verrouille complètement les élections législatives, en vue des élections présidentielles de l'année prochaine. Le jeune homme de 83 ans veut, soit promouvoir son fils Gamal, - qui a l'air mal parti, bien qu'il soit porté par les milieux économiques et les occidentaux - soit se représenter lui-même. Comme les pharaons, il doit se penser immortel. Verrouiller les élections en Égypte est une affaire sérieuse et le pouvoir ne fait pas dans la dentelle. Le bourrage des urnes ne suffisant pas, il soudoie les électeurs, intimide les candidats, emprisonne, neutralise physiquement les juges chargés de la supervision.

Le pouvoir refuse une supervision internationale qui serait une insupportable ingérence. Selon la presse officielle, les occidentaux critiquent la démocratie égyptienne parce qu'ils n'acceptent pas les positions internationales - sous entendues courageuses - de l'Égypte. A moins que ce ne soit exactement l'inverse : les pays occidentaux, pour avoir le soutien de l'Égypte au Moyen-Orient, ferment les yeux sur l'absence éhontée de démocratie.

La stratégie du NPD ? Première étape : avoir comme seul adversaire les islamistes des Frères Musulmans. Stratégie bien connue : « *Entre les communistes et nous, il n'y a personne* » (Malraux), ce qui débouche sur « *Moi ou le chaos* » (De Gaulle), Le pouvoir achète, compromet, marginalise toute l'opposition, hors Frères Musulmans. Deuxième étape : affaiblir les Frères Musulmans, par tous les moyens, légaux et illégaux.

Quel est le jeu des occidentaux, si rapides et déterminés face à la démocratie ivoirienne ? De molles désapprobation et on passe à autre chose. Parce que, complaisant à l'égard d'Israël, Moubarak joue le rôle du gentil au Proche-Orient. Politique de court terme : la détermination israélienne dévalorise, humilie, affaiblit la politique des modérés au Moyen-Orient. La position de Moubarak, dictature interne et modération extérieure est de plus en plus intenable : vouée à l'échec, elle fait le lit des islamistes.

Et dans tout cela, Ibrahim mon chauffeur ? Au premier tour, il était enthousiaste et a demandé une permission pour aller voter ; il paraît que, votant pour un islamiste, un copte et une femme, il est l'expression même du pluralisme égyptien. Après le premier tour, il est écœuré. Bien que son français soit un peu difficile lorsqu'il s'emporte sur des choses abstraites, il crie la souffrance de ne pas avoir de démocratie comme dans les autres pays, du pouvoir du NPD, du danger islamiste et il prédit du « sabotage », je suppose que cela signifie que, si le peuple ne peut s'exprimer par les urnes, il s'exprimera dans l'illégalité. Si l'Égypte comporte des millions d'Ibrahim, pourquoi la prive-t-on de démocratie ?

A la manière de Chamoiseau

Les néologismes de *Texaco* de Patrick Chamoiseau[1] sont une grande source d'inspiration pour traduire les multiples métiers ou fonctions de mon quotidien égyptien.

---

[1] « *Mon papa fut chasseur de mouches, manieur d'éventail. nettoyeur de persiennes, fermeur de volets, éplucheur de cuisine, desherbeur de jardin, plumeur de volailles, savonneur de vaisselle, secoueur de draps, batteur de matelas, espionneur des fornications domestiques, briseur de sieste, scrutateur des seins translucides de la Dame* ».

Je ne m'attarderai pas sur des métiers universels, présents dans toutes les administrations du monde : gonfleur de bulles, ensevelisseur de dossiers, dissimulateur de faux secrets, mélangeur de genres, courts-circuiteur tous azimuts.

L'étranger est émerveillé de tous les métiers qui ont pratiquement disparu du vieux continent : barbier-traqueur de poils en tout genre, chauffeur-gardeur de voiture en deuxième file, essuyeur de poussière des voitures, emballeur de produits, porteur, livreur, livreur de toutes sortes de choses, cireur de chaussures, bricoleur attendant dans la rue le chaland avec sa modeste boite à outils, rafistoleur génial, vendeur dans les carrefours, de mouchoirs, de fleurs, de drapeaux tricolores ou de chapeaux de Père Noël, homme à tout faire, repasseur, « *house keeper* » authentique, acheteuse sur les marchés, négociatrice et débusqueuse de bonnes affaires et détecteuse d'arnaques.

Mais il existe aussi des métiers moins brillants : épongeur de l'anxiété de la secrétaire-directrice-de-cabinet-du-président et économiseur de ses pas, ouvreur de portes, piètre réparateur, donneur d'ordre, transmetteur d'ordre, receveur d'ordres, ramasseur de sable d'autoroute, interprète de feux tricolores, substituteur de feu tricolore, brandisseur de carnets d'amendes, gesticulateur de carrefour, rentiers, rentier de vestiges pharaoniques, rentier de places de stationnement, conseiller suprême en créneaux, dormeur, sourieur, salueur de loges de concierge, porteur blasé de mitraillettes, homme de compagnie de portiques de détection, ancien et nouvel observateur, enregistreur des allées et venues, surveilleurs en tout genre, indicateur de mauvaises directions, chauffeur de micro-bus fou, crieur de microbus, caleur de marchandises sur les pick-up, réveilleur de croyants, réveilleur de non-croyants, aboyeur de sermon du vendredi, maltraiteur d'ânes.

Circoncision, excision et perfection

Une amie franco-égyptienne m'éclaire sur l'excision. L'excision n'a rien d'islamique : de nombreux pays musulmans l'ignorent et, parmi les Égyptiens, les chrétiens la pratiquent comme les musulmans. L'excision vient de l'Égypte pharaonique et proviendrait d'un souci de perfection : on excise, légèrement (?), les femmes pour leur enlever une partie masculine et les rendre totalement femmes, et, de façon symétrique, on pratique la circoncision pour enlever aux garçons une partie féminine. Née en Égypte, elle s'est diffusée en Afrique, mais pas systématiquement dans les pays musulmans. Notre amie, issue d'une famille haut placée, et dont la mère a dû subir l'horrible agression à trois reprises, confirme que la pratique n'a rien avoir avec le niveau social. Mais si l'excision est à l'origine étrangère à l'islam, cette pratique tend à s'islamiser…

Attentat à Alexandrie (janv. 2011)

Attentat dans une église (Les Deux Saints) à Alexandrie faisant 21 morts et 79 blessés, la nuit du Nouvel An copte. Les Égyptiens souffrent ; ils sont touchés au cœur par l'attentat. Comme les américains, - qui découvrent le terrorisme en 2001 lorsqu'il atteint des citoyens américains sur le sol américain -, les Égyptiens découvrent le terrorisme en 2011, parce qu'il a pour théâtre Alexandrie et pour victimes exclusives des Égyptiens, alors que les attentats précédents, ayant pour cible les touristes, ne les touchaient qu'indirectement, dans leur image et dans leur portefeuille. De plus, ce pays de croyants est choqué parce que les victimes ont été tuées ou blessées dans un lieu de culte au moment de la prière. Enfin ils sont touchés aussi parce qu'ils ont le sentiment que c'est le cœur de l'Égypte, le compromis entre musulmans et chrétiens qui est visé et atteint.

Réactions à l'université

Beaucoup de musulmans soulignent la coexistence, passée ou actuelle, entre les communautés à laquelle ils sont très attachés. « *Mais ce n'est pas l'Égypte, mes parents avaient des tas d'amis chrétiens et juifs.* » dit l'une, une autre : « *J'ai des amies chrétiennes dont je me sens plus proche que des musulmanes.* »

Chez certains, des nuances qui tendent à minimiser le sort des chrétiens. Pour Sara, il n'est pas vrai que les chrétiens subissent une discrimination pour la construction des églises, les musulmans aussi se heurtent à des difficultés pour construire des mosquées. Pour Ola, l'attentat n'était pas dirigé contre les chrétiens, la preuve, c'est que des musulmans sont aussi parmi les victimes, et si l'attentat avait été dirigé contre les chrétiens, il aurait été commis à l'intérieur de l'église. Certains veulent croire que ce ne sont pas des Égyptiens qui ont commis le crime ; ils refusent d'envisager que ce soit des musulmans. Ibrahim, mon jeune chauffeur, pousse le bouchon encore plus loin « *Ce ne sont pas des musulmans d'Égypte ... je pense que c'est Israël* ».

Les coptes pensent à une réaction, humaine ou divine. Mohsen, le secrétaire général copte « *Il va y avoir une réaction : les chrétiens ont un grand pouvoir économique et financier et ils peuvent l'utiliser. ... Et puis Dieu va faire quelque chose* ». Myriam, de l'accueil : « *Prions, Prions pour que Dieu nous donne la force* ».

Une machine infernale qui vise à enflammer la minorité chrétienne

L'attentat vraisemblablement commis par des terroristes d'origine islamique contre les chrétiens donne lieu, par effet de boomerang, à une interrogation sur la situation des coptes. La première réaction du pharaon (musulman) et de la doyenne (copte), met en avant la situation des coptes. Pour le Pharaon, tout ceci s'explique par l'immobilisme du gouvernement concernant le statut des personnes (l'absence de mariage civil soumet les personnes à la règle des religions) et des bâtiments (obstacles à la construction des églises). Pour la doyenne copte, l'opacité sur les crimes contre les coptes pour la Noël du début 2010 donne un sentiment d'impunité, d'autant qu'un député est sans doute mêlé à cette affaire et vient d'être réélu. Au-delà des discriminations religieuses, nos Égyptiens éclairés soulignent que cet embrasement se nourrit de l'immobilisme étatique, et surtout de la pauvreté matérielle et morale de la population qui la pousse vers l'intolérance et le fanatisme. Le dernier mot revient à Ibrahim qui se rachète à mes yeux de son antisionisme primaire : « *Tout ça c'est parce qu'il n'y a pas de démocrattie* ». Il prononce "t" et non "s".

De l'huile sur le feu des guerres de religions et de civilisation

Au feu !

Le pape, s'est dit favorable à une « *réponse concertée de l'Union européenne afin que les chrétiens soient défendus au Moyen-Orient* ». Pourquoi le pape, au lieu de s'en tenir à une position personnelle, réclame une intervention de l'Union européenne ? Le pape doit-il défendre tous les catholiques ? Ou bien tous les chrétiens, même ceux qui, comme les coptes, ne reconnaissent pas son magistère ? Ou bien, tous les croyants, y compris les musulmans ? Ou encore tous les hommes, victimes de l'intolérance, de la bêtise et de l'instrumentalisation politique des religions ?

Le président de la république française dénonce « *un plan particulièrement pervers d'épuration du Moyen-Orient, d'épuration religieuse* ». N'ayons pas peur des mots et mettons de l'huile sur le feu ! Il paraît, mais je ne peux pas le croire, qu'une ministre, il est vraie versaillaise, de la république française laïque, qui a traité de haut son homologue égyptien et qui doit faire une visite éclair, a demandé à se recueillir à l'Eglise-des-deux-saints à Alexandrie.

Le journal gouvernemental (El Arham) pose une alternative redoutable « *Ces allégations prétendaient que ce qui s'est passé à Alexandrie était un crime confessionnel et non terroriste.* ». Ce qui signifie que, si le crime est terroriste, il ne peut être mené au nom de la religion. Et d'épingler notre président : « *Les propos du président Sarkozy servent avant tout les objectifs des terroristes qui visent à déstabiliser l'Égypte* ».

Mais la méthode Couée des déclarations solennelles et répétées selon lesquelles le crime ne peut venir, ni d'un Égyptien ni d'un musulman résonne, quelques jours après, étrangement et de façon peu crédible. Les embrassades touchantes entre Frères Musulmans et chrétiens, les boucliers humains musulmans protégeant les chrétiens ne débouchent sur aucun contenu politique.

Inquiétante élite intellectuelle

Universitaire dans le meilleur sens du mot, soignée, distinguée, toujours souriante, très courtoise, elle porte, en guise de foulard, une forme, très élégante, de bonnet qui lui couvre cheveux et oreilles. C'est pourquoi, je suis tombé de haut lorsque, recevant, avec elle, le vice-président recherche de l'université de Mulhouse, nous avons abordé, de façon impromptue, et pour la première fois, des questions d'opinion.

Pour elle, il n'y a pas de problèmes de femmes en Égypte - je n'ai pas osé prononcer le mot d'excision devant cette bourgeoise quinquagénaire et patriote - ; il ne faut pas aider les femmes à trouver du travail et donner la priorité aux hommes. Elle devient pathétique lorsqu'elle vante le statut de la femme en Arabie Saoudite, « *Là-bas la femme est respectée et protégée. La seule restriction c'est l'interdiction qui leur est faite de conduire, mais, au fond, c'est une bonne chose, ça leur évite d'être confrontées à la violence, à la vulgarité et aux grossièretés des chauffeurs* ». Sur le problème de la discrimination dont sont victimes les coptes, elle est inquiétante dans ses contre-vérités, lorsqu'elle dit qu'il n y en a pas, que c'est une fabrication politique ; « *D'ailleurs dans mon quartier, il y a trois églises... Il y en a suffisamment... Il n y a pas de problème pour construire de nouvelles églises* ».

Heureusement, la doyenne Sahar m'offre un contrepoint rassurant en me racontant, avec une émotion profonde qui n'était pas feinte, comment, à 15 ans, elle, l'adolescente musulmane, a demandé à emprunter le Nouveau Testament et l'a lu avec émotion ; l'évangile qu'elle a préféré c'est celui de Saint Jean !

Vœux

En réponse à mes vœux, sur une photo des statues de Ramsès et Néfertari majestueusement assis, pour l'éternité, à Abu Sinbel, avec la mention « *L'Égypte sait attendre* », l'écrivain Alaa El Aswani, dont les textes critiques au moment des élections lui ont valu d'être interdit d'éditorial, m'a répondu le 8 janvier (15 jours avant la révolution) « *Je crois que le problème de l'Égypte c'est qu'elle attend trop* » !

Dents de la mer et dents de la route

Des requins ont tué une baigneuse à Sham el Cheikh et blessé trois autres. Les inquiétudes et les explications vont bon train. Les requins seraient attirés par la nourriture des touristes et affamés lorsqu'ils ne sont plus nourris. Ou bien, des bateaux jetteraient à la mer des moutons qui attireraient les requins. Ou encore, le réchauffement climatique aurait asséché certaines sources d'approvisionnement en nourriture et les inciterait à se déplacer. De toute façon, la meilleure explication se trouve du côté... des États-Unis et d'Israël responsables de ces crimes... Ils ont bon dos et j'avoue que je ne comprends pas très bien. Comment les ont-ils emmenés ? En laisse ? Téléguidés ?

Les défenseurs des requins et du tourisme sur la mer Rouge ont beau jeu de dire que pour l'homme, le requin n'est pas très dangereux (30-100 morts par an dans le monde) devant la méduse (100), l'abeille (400), l'éléphant (600), le crocodile (2000), le scorpion (5000) les serpents (100 000) et le moustique (2-3 millions de personnes meurent à causes de maladies transmises par le moustique) sans parler du plus grand meurtrier pour l'homme, l'homme. La première cause de mortalité en Égypte pour les touristes ce n'est pas les requins ni le terrorisme, mais la route !

Les Dieux sont tombés dans la boue

Dans la période pharaonique, les animaux font partie des divinités, en particulier les chats, les chacals et les ibis. *« Le chat personnifie Rê, le Soleil, tandis que la chatte symbolise Isis et son éternelle vigilance. A partir du Moyen Empire, le chat, personnification de la déesse Bastet, est associé aux rites liés à la fertilité »*[1]. Anubis, le chacal noir, Dieu de la mort et dieu de la momification, est toujours élégant, à la fois posé et vigilant, beau et terrifiant. Ibis est l'oiseau emblématique du dieu Thot, le dieu de l'écriture. Son bec assimilé à un instrument d'écriture est aussi valorisé en tant que massacreur de serpent.

Ces divinités ont laissé la place aujourd'hui aux chats faméliques, aux hordes de chiens errants et aux aigrettes, faux ibis, dont le plumage blanc est maculé de boue

---

[1] L'Égypte antique http://jfbradu.free.fr/Égypte/

noire car ils hantent les poubelles et les décharges et, de divinités, sont devenus de tristes éboueurs.

Care au Caire [1]

Rien à signaler[2]

Au cœur du sujet, mais je n'en sais pas beaucoup plus que vous. Je ne vais pas me balader sur les lieux de manifestation. L'information sur les manifestations et les arrestations est, pour une grande part muselée, et celle qui ne l'est pas, ne m'est pas accessible.

Rien à signaler, si ce n'est que j'ai accompagné à l'université des officiers de l'armée française chargés de « rafraichir les plans d'évacuation » de « nos » ressortissants. L'université est un sas privilégié pour l'évacuation des citoyens. Cette visite, une routine, en fait totalement indépendante du contexte actuel ! Vraiment ?

Rien à signaler, si ce n'est qu'Ibrahim mon chauffeur m'a dit qu'il allait mardi 25 à la manifestation. Mercredi matin, il n'était pas là pour me cueillir et son téléphone est débranché ; je l'imagine en prison ou à l'hôpital. Jeudi, il réapparaît, tout guilleret ; il a passé la veille à s'occuper de son ami, blessé par une bombe lacrymogène, dans un hôpital, privé, pour ne pas être attrapé par la police. Il va remettre cela demain.

Rien à signaler sinon que nombre d'expatriés paniquent ; je n'ai toujours pas compris pourquoi.

Je suis surpris par les effets de l'onde tunisienne en Égypte, une révolution du jasmin accueillie ici avec un

---

[1] Cette expression de Christiane Alliata qui avait déjà trouvé « *Route pourpre du Caire* »
[2] Texte écrit sans doute le jeudi 27 ; le mardi 25, fête de la police, étant le premier jour de grandes manifestations. On ignorait alors que cette date deviendrait le point de départ emblématique de la révolution.

grand enthousiasme, alors même que l'Égypte a tendance à regarder avec superbe, les autres pays arabes, en particulier ceux du Maghreb. L'exemplarité tunisienne d'un peuple arabe qui abat un dictateur, qui mène une révolution démocratique et qui refuse l'alternative dictature-islamisme a, en fait, une résonnance profonde ici. Tous les Égyptiens que j'ai rencontrés en parlent avec admiration et jalousie.

Le contexte tunisien est très particulier : un pays éduqué, un pays aux inégalités relativement réduites, une islamisation avec une influence salafiste faible. Surtout, les Tunisiens ont la chance d'avoir Ben Ali ! Ben Ali, le dictateur idéal à abattre dictateur et prédateur ; personne, aujourd'hui, n'est prêt à le soutenir. Même Saddam Hussein avait, après sa chute, plus de soutiens.

Le cocktail égyptien est différent, et, par certains côtés, plus explosif. Certes, le pays bénéficie d'une liberté d'expression indéniable ; et le régime est corrompu, la corruption est généralisée mais il n'est pas victime d'une prédation par un clan étroit[1]. Mais du point de vue économique, la situation est bien pire qu'en Tunisie. Une grande partie de la population est extrêmement pauvre, privée de l'essentiel, d'éducation, de santé ; le mariage, qui suppose un minimum de biens, devient, pour beaucoup, inaccessible. La croissance économique, très rapide, n'améliore pas la situation des plus pauvres. La classe moyenne se développe mais la course à la consommation, aux cours privés pour les enfants et à l'acquisition de biens immobiliers, crée plus de frustrations que de satisfactions.

Du point de vue politique, l'usure d'un pouvoir enfermé dans l'immobilisme subit aujourd'hui son troisième coup de buttoir en moins de trois mois. Les élections légi-

---

[1] Les égyptiens ont été, les mois suivants, extrêmement surpris de découvrir l'ampleur de la corruption dans l'entourage immédiat du Raïs. Je partageais, bien évidemment, leur ignorance.

slatives de novembre 2010 ont été marquées par un simulacre de démocratie - électeurs achetés, candidats intimidés, juges superviseurs neutralisés - qui augure mal des prochaines élections présidentielles : mainmise du parti sur les candidatures, incertitudes sur l'attitude de la famille Moubarak et sur celle de l'armée. La contradiction entre une grande liberté d'expression et un truquage total des élections est porteuse de crise. Puis, le jour du nouvel an, l'attentat à Alexandrie contre l'église copte Des Deux Saints a traumatisé la société, creusé des brèches au sein du consensus musulmans-chrétiens, enflammé les jeunes et attisé une rancœur contre le pouvoir.

Néanmoins, je me trompe peut-être, mais je pense que les forces de résistance du régime en place sont très fortes. Je suis très surpris que ceux-là même qui ne cessent de critiquer, non seulement le régime mais le mode de fonctionnement de la société égyptienne et qui s'enthousiasment sur la révolution tunisienne, soient aussi frileux et distants par rapport aux forces de contestation. Sans doute les causes sont profondes : le système répressif est terriblement efficace ; comme la corruption est généralisée et non confisquée par une famille, beaucoup de gens sont intéressés au maintien du système ; le risque islamiste est réel, la société égyptienne est très fataliste.

MAM : fraicheur et bonne conscience
Réception en l'honneur de Michèle Alliot-Marie [1] « notre » ministre, à l'ambassade, le 21 janvier. Chapeau pour la forme. La veille en Israël avec Netanyahou ; le matin, elle s'est fait sèchement bousculer à Gaza. Le soir, pimpante, décontractée et enjouée avec nous, loin de l'image de crispation qu'elle donne à la télé. Sur le fond, c'est moins bien. Un discours obligé d'hommages à ceux, nous, qui représentons la France à l'étranger, mais le reste

---

[1] Le 21 janvier 2011, 4 jours avant le premier jour de la révolution.

de la soupe qu'elle nous sert me laisse sur ma faim : la grandeur de ce que doit apporter la France - rien sur les frictions de la coopération entre les peuples et sur tout ce que nous avons à apprendre et à avaler -. Surtout un couplet sur le terrorisme. Le terrorisme à l'extérieur c'est comme la sécurité à l'intérieur, c'est le moyen d'agiter des chiffons rouges, sans être nécessairement efficace et de fausser la hiérarchie des problèmes.

Care au Caire (suite)

Enfin j'ai accès à un ordinateur et une ligne internet. C'est une délivrance. Entre le couvre-feu, les consignes de ne pas bouger et l'absence d'internet, on se sentait en prison.

Le jeudi 27 janvier, réunion au Lycée français pour faire la publicité pour l'université ; une journée ordinaire. Des manifestations sont prévues vendredi 28, « après la prière ». Nous en profitons pour aller faire du vélo à notre club, puis des courses. Courses normales, Mahnaz achète trois immenses paquets de riz à Carrefour, comme d'habitude. Nous n'avons pas l'impression qu'il y a plus de gens que d'ordinaire. Nous ne savons pas que c'est la dernière fois, pour une longue période, que nous mettons les pieds à Carrefour, il sera pillé et brûlé le lendemain. Dans la file d'attente pour la sortie, nous apprenons que l'on ne peut payer par carte. Le pouvoir a bloqué internet pour freiner la communication entre les contestataires.

Vendredi 28 midi et après midi, nous restons tranquillement à la maison, sans téléphone mobile, sans internet, avec pour seule communication avec l'extérieur, la télévision. Pour entraver la révolution face-book, le pouvoir neutralise téléphones mobiles et internet. C'est une intrusion insupportable de l'État dans une sphère privée qui est nécessairement connectée. De plus, en bloquant internet, le pouvoir bloque l'activité économique.

Le samedi 29 le matin, dès le réveil, on se jette sur la télévision. Passe en boucle l'image de l'homme qui tombe d'un immense portrait de Moubarak en le déchirant dans sa chute ; image choc comme celles du mur de Berlin, de la statue déboulonnée de Sadam Hussein ou des portraits brûlés de Ben Ali. Nous avons la surprise de voir débarquer un ami puis une amie : en l'absence de téléphone, on redécouvre que la chaleur des relations amicales passe par une visite impromptue.

On apprend petit à petit l'existence dans notre quartier, de bandes, de coup de feu, de chars, de pillage. Une famille amie, qui habite dans un coin chaud de notre quartier, panique et nous les hébergeons tous les quatre. Journée en boucle France 24, en boucle aussi tournois de babyfoot, en boucle tournoi de ping-pong, sur une table au destin imprévu : entretenir notre forme physique et morale pendant une révolution. Le soir, puis la nuit, claquent des coups de fusil. De quoi s'agit-il ? De gens armés qui se défendent ? De la police qui intervient ? De bandits armés ? Et si c'était la police ? Pauvres, armés et aujourd'hui bannis, trois ingrédients pour transformer les policiers en bandits. En bas de l'immeuble, des hommes, baouabs, riches propriétaires, cadres, montent la garde, pauvrement armés. Pour m'inviter à les rejoindre, ils me tendent un manche à balai. Quand je raconte cela à la maison, Pierre, qui a vu la veille avec moi *La Grande Illusion*, dit que comme dans le film, où la guerre rassemble, dans un même destin, un aristocrate, un riche bourgeois, un titi parisien ; mais je ne me prends pas pour Pierre Fresnay.

Dimanche matin, l'ambassadeur réunit les Français au Lycée, pas d'évacuation. Il est serein, d'autant plus qu'il se déplace en voiture blindée et qu'il dispose d'un téléphone satellite qui le met à l'abri des coupures. Globalement, l'assemblée est calme, sauf quelques sorties hystériques. Retour à la maison. Mahnaz invite tous ceux qui ont peur. Pour la nuit, nous serons maintenant 6 adultes et 6 enfants ; pour les repas c'est variable. Les enfants jouent ; la cohabitation rassure les adultes. Personne ne sait pas où on va. On ne réalise pas bien ce que nous vivons.

Aux infos, il semble que l'armée prenne le pouvoir. On en vient à le souhaiter, de préférence une armée démocrate. Pendant que j'écris, dans la rue, au pied de l'immeuble, un attroupement : la police et la justice populaires officient et traînent un homme ; j'ai des frissons ; je me rassure en me disant que avant, ce n'était certainement pas mieux avec la police de Moubarak.

La femme de ménage ne vient pas ; elle veut rester avec ses filles ; il paraît que des hommes vont dans les appartements et violent les femmes.

Care au Caire (suite)

1er février date historique ?

Le Caire, la ville grouillante et polluée, se réveille, méconnaissable. Tout est extraordinairement calme ; après les véhicules, les coups de feu se sont tus. L'atmosphère est purifiée par l'absence quasi totale de circulation depuis quatre jours.

Hier, j'ai eu un accès exceptionnel à internet grâce à un petit fournisseur d'accès inconnu des services de brouillage. Je suis allé faire quelques courses dans la rue voisine. Peu de boutiques ouvertes, les voitures planquées rendent les rues grandes et calmes. Les passants, qui s'entassent dans les rares boutiques ouvertes, sont silencieux mais semblent sereins. La maison est devenue un haut lieu d'animation ; une famille avec un enfant de 10 ans et un petit braillard sont installés chez nous depuis le week-end.

Au déjeuner, c'est table persane ouverte. D'autres voisins viennent, des franco-égyptiens des helveto-égyptiens, c'est convivial et rassurant, au moins plus que l'aéroport où s'entassent, hystériques, ceux qui tentent de partir. Les enfants jouent, profitant de ces vacances forcées et recluses. Nous jouons au ping-pong, nous regardons des DVD. Je n'ai pas grand-chose à lire. *Quels livres prendriez-vous sur une île déserte* ? Je ne suis pas parti sur une île mais mes trois pléiades, deux Balzac et un Racine, sont d'un faible recours.

Aujourd'hui sera une journée décisive. Primo, le nouveau gouvernement est, selon notre voisine égyptienne très modérée, une provocation, avec des changements marginaux et cosmétiques. Exit Farouk Hosni le brillant ministre de la culture candidat à la direction de l'Unesco qui s'était illustré par des propos délirants sur les livres « sionistes ». Entrée de Zahi Hawas, l'homme des antiquités, l'homme au chapeau, vulgaire et mégalo. Secundo, l'armée a pris le pouvoir dans les rues. C'est rassurant et très efficace. Les comités d'autodéfense, dont j'ai, anecdotiquement, fait partie, ont disparu. Les coups de fusils, proches et angoissants, se sont tus. Les pillages se sont arrêtés, les esprits se sont calmés. Mais quelle est la contrepartie ? Que va faire l'armée aujourd'hui ? Sera-t-elle légaliste et loyale par rapport à ces chefs, garde rapprochée de Moubarak ? Les chefs vont-ils lâcher Moubarak ? Au profit d'un coup d'État ? L'armée va-t-elle se couper en deux ? Une bonne nouvelle : il est dit qu'elle ne s'opposera pas aux manifestants, alors qu'une grève générale et manifestation de 1 million de personnes (c'est précis comme chiffre ![1]) sont annoncées. Tertio, le soutien américain à Moubarak est de plus en plus hésitant et léger. Netanyahou vient de lui donner le baiser qui tue en décla-

---

[1] A partir de cette date, toutes les manifestations à venir sont déclarées a priori « millionnaires ».

rant qu'Israël souhaitait son maintien. Dans un pays très hostile à Israël et à la politique égyptienne à l'égard de ce pays, être soutenu par Israël est une infamie. L'échec de Moubarak est aussi l'échec d'Israël. Israël, au lieu de donner des gages aux modérés, qu'il s'agisse de l'autorité palestinienne ou de l'Égypte, en allant vers une paix et deux États, n'a cessé de les instrumentaliser pour mener tranquillement sa politique de guerre et de colonisation. L'échec de Moubarak est aussi l'échec des États-Unis et, dans une moindre mesure de l'Europe : ils ont soutenu ces deux pays, sans contrepartie, sans exiger, de l'un, la paix et un État palestinien et de l'autre, démocratie et justice sociale.

Jeudi 3 février suite

La journée du mardi 1er février s'est mal terminée ; allocution de Moubarak. Lui qui paraissait toujours policé et lisse, semble crispé, dur. Son propos confus confirme l'impression visuelle : il promet de ne pas se représenter mais ne dit rien sur son fils, il fait l'éloge de la police alors qu'elle est discréditée. Il retient des mouvements de rue désordre et pillages et oublie des revendications de justice et de démocratie.

Le lendemain, mercredi 2 février est horrible, c'est l'apparition brutale des « pro Moubarak », terrifiante journée dite des chameaux. Les pro-Moubaraks défilent en voiture avec des drapeaux. Ils vont place Tahrir pour déloger les « anti Moubarak » ; ils sont infiltrés par la police dont Moubarak avait fait l'éloge la veille. Plus grave encore, l'armée, dont les contestataires avaient salué le déploiement et qui multiplie les check points, a laissé passer des hommes armés de machettes et de gourdins. Moubarak est sourd aux exhortations de ces amis américains. Seul Netanyahou soutient le dictateur « Honni » (selon l'expression du Canard). Moubarak jette le masque, se dévoile comme un chef de bande, un chef de voyous qui ne veut pas lâcher le pouvoir et qui se moque de ses amis occidentaux.

Petite et grande histoire

Nous vivons une période historique. Qu'est ce que cela veut dire ? L'information est cruciale ; nous sommes surtout alimentés par France 24, comme les Français. L'ambassadeur nous a réunis deux fois. Il a amusé la galerie et essayé d'user un propos enjoué et drôle pour détendre le public. Comme rien ne semble indiquer une animosité à l'égard des étrangers, il ne voit pas la nécessité de rapatrier les Français. Il ne nous donne pas vraiment d'informations. Sur les sujets techniques : le fonctionnement des ilotages, il est en retard d'une guerre ; sur l'ouverture du lycée, il n'arrive pas à décider quelque chose de clair.

Les informations sont parcellaires, difficiles à traiter. Les Égyptiens ont une très grande variété d'opinions. Un coin très chaud voisine avec un coin tranquille. Les rumeurs vont bon train. Ce matin, la femme de ménage parle de 1500 morts et de nombreuses arrestations ; est-ce la vérité ? Il y a trois jours, l'attachée universitaire, qui habite à l'autre bout du Caire, m'a dit qu'une rue voisine de la nôtre avait été pillée ; il n'en est rien. J'ai vu près de la maison quatre chars et des militaires protégeant le centre de police. Comment interpréter ces échanges entre militaires et policiers ?

Surtout, je vis le décalage entre le vu et le vécu. Voir un char à la télévision et voir un char au bout de la rue, ce n'est pas la même chose. Entendre des coups de feu alentours sans en connaître l'origine est assez traumatisant. Le couvre feu jusqu'à 13 heures ou 15 heures, surtout lorsqu'il s'accompa-gne d'un couvre web, donne une impression carcérale. De façon assez classique, beaucoup de réactions sont hystériques. Le départ des expatriés me donne une impression déprimante. J'ai la chance que Mahnaz, qui a vécu de près la guerre Irak-Iran, soit blindée face aux situations de crise. Assez curieusement, une des coopérantes qui travaille avec moi développe le comportement opposé à celui de Mahnaz ; ayant vécu la guerre du Liban, elle est sous état de choc.

Comme le dit l'ambassadeur, les étrangers ne sont pas menacés. Mais dans la manif « anti » il y avait des étrangers dont un Français qui brandissait un panneau « *Tire toi pov'con* ». Les « pro-Moubarak » de leur côté s'affirment « égyptiens » ce qui peut se retourner contre nous.

Les amis de Moubarak

Samedi 5 février

De quoi être perdu. Le mercredi 2, jour sanglant sur la place Tahrir ; deux jours après, vendredi 4 « jour du départ », très grande manifestation pacifique avec moins de frictions qu'une petite manifestation française. Le jeudi 3, le premier ministre semble conciliant affirmant que les manifestants doivent être respectés. Le vice président, de son côté, rappelle que Moubarak est « le père de la nation » et qu'il a fait beaucoup pour le pays.

Les amis de Moubarak. Au niveau international, Moubarak reçoit le retour de boomerang. Il avait misé tout sur des amis occidentaux qui le lâchent, progressivement mais sûrement. Du côté des pays arabes, un silence assourdissant : ce ne sont pas des pays proches de celui qui a fait la paix avec Israël ; ils ne veulent pas réveiller leurs propres opinions publiques. Un ami, tardif mais encombrant, Israël !

Au niveau national, il ne faut pas se tromper. Les voyous, le lumpen-prolétariat à dos de chameaux et les flics en civil de la manifestation du mercredi ne doivent pas cacher la réalité. Moubarak a de solides amis : dans l'armée dont il est issu -une sortie humiliante de Moubarak pourrait être vécue comme un camouflet pour l'armée -,auprès de tous les affidés qui ont bénéficié de ces largesses ; au-delà, dans l'opinion publique : un chauffeur de taxi qui clame son choix, une secrétaire de l'UFE qui trouve qu'il a beaucoup fait pour l'Égypte, nos amis égyptiens, chef d'entreprise ou médecin, qui voient des hooligans au Caire, qui pensent en fait que la démocratie n'est pas faite pour les Égyptiens, et qui attendent avec impatience que la vie économie et sociale reparte.

Aujourd'hui, le pouvoir laisse les manifestants sur la Place. Il tente de refaire repartir la vie économique : couvre-feu réduit, réouverture de banques demain. Le pouvoir mise-t-il sur le pourrissement ? Personne ne sait rien mais je ne vois pas les anti-Moubarak laisser enterrer leur rêve de démocratie *Hic et Nunc* après la mobilisation et les victimes ; je ne vois pas les pro-Moubarak rester inertes.

La révolution et l'ancien régime

Habité par l'Histoire qui se déroule à ma porte, sous mes yeux, je suis dérouté et déçu par ces Français obnubilés par les désagréments de leur vie quotidienne ou empêtrés par les querelles de clocher de leur microcosme français. Pour un Français, c'est une chance de voir l'Égypte écrire ces pages de son histoire. Je me demandais quelquefois pourquoi j'étais venu en Égypte. Je comprends aujourd'hui pourquoi.[1]

Retour en Égypte après un répit et un bain familial de 6 jours en France pour Pierre et moi. Moubarak en a profité pour se tirer. A l'aller vers l'aéroport, le lundi 7 février,

---

[1] 20 février 2011.

une trentaine de chars entre la maison et l'aéroport, au retour, deux seulement. France 24 ne s'intéresse plus à « nous » ! Ni à la Côte d'Ivoire d'ailleurs. Je retrouve Ibrahim, mon chauffeur, démocrate blessé par les dernières élections, manifestant dès la première heure, manifestant permanent, chic, épanoui et heureux. Il redit ce qu'il me dit depuis deux ans : l'Égypte doit avoir la « démocra_tt_ie » comme les pays occidentaux. Moubarak est parti. Ibrahim a rencontré une manifestante place Tahrir qui, manifestement, lui plait ; il parle mariage. Comme les couloirs de sciences-po occupés en 1968, Tahrir est aussi un théâtre de rencontres amoureuses. Mais il me surprend quand il me dit qu'il va aller aussi à la manifestation en faveur de Moubarak, ce pauvre vieux monsieur malade.

Retour à l'université, les photos de Moubarak et Chirac, se serrant la paluche à la création de l'université, ont disparu du mur du président. Dans l'université, des mines réjouies. Un besoin de communiquer, de partager. J'ai la chance de travailler dans un milieu égyptien.

Une belle révolution

L'Égypte vient d'écrire la première page de sa révolution. Une belle page. Une révolution qui donne aux citoyens une nouvelle dignité, une nouvelle fierté patriotique. J'apprends qu'il convient de faire des cadeaux aux révolutionnaires de son entourage ; Ibrahim est très fier de la cravate que nous lui offrons.

Révolution Nouvelles technologies. Une histoire cairote : A sa mort, Moubarak monte au ciel. Nasser et Sadate, heureux de le retrouver, le questionnent : « *Moi je suis mort empoisonné* » (une légende veut que Nasser ait été empoisonné) « *Moi, je suis mort assassiné* » dit Sadate. « Et toi ? » « *Moi c'est Facebook qui m'a tué* ».

Une révolution avec un débouché politique rapide: départ des dirigeants, révision constitutionnelle organisant des élections démocratiques, libéralisation de la presse officielle, chasse à la corruption. Ce peuple qui donnait l'impression de se résigner à subir, à attendre indéfiniment, est devenu subitement impatient. Retour en arrière. Mardi 25 janvier, première immense manifestation mais le mercredi 26 et le jeudi 27 la vie continue. Vendredi 28, deuxième grande manifestation. Une semaine terrible à vivre, mais qui ne dure que du vendredi 28 janvier au vendredi 4 février : on vit reclus, anxieux ; la révolution et la répression grondent ; le gouvernement va de reculades en crispations. Reprise de la vie normale le samedi 5. Départ de Moubarak le 11. Fin du premier acte.

Révolution pacifique. Toutes les violences étaient d'origines policières, de façon directe ou indirecte : libération de prisonniers, organisation de contre-manifestations violentes, provocations. Les Égyptiens, eux, ont sorti, pour défendre leurs immeubles, manches à balais, battes de baseball, cannes de golf, couteaux de cuisine, sabres de souvenir, carabines à plomb ; le service d'ordre de la place Tahrir vérifiait que les manifestants n'étaient pas armés.

Au total, une révolution peu sanglante ; des centaines de morts sont à déplorer, mais c'est sans commune mesure avec nombre de bains de sang qui ont accompagné des révolutions réalisées .. ou avortées.

Révolution consensuelle. Rassemblant Égyptiens de tous âges, de toutes conditions et de toutes croyances. Je me trompais lorsque je pensais que la société égyptienne était trop différenciée, trop hiérarchisée pour que se rassemblent, dans un même mouvement, baouabs, étudiants et cadres. Sur la Place, les jeunes étudiants avaient été rejoints par des plus vieux, des plus modestes. A la prière des musulmans encadrée par des chrétiens le vendredi, succède, le dimanche, la prière des chrétiens encadrée par des musulmans. Mahnaz, le soir du départ de Moubarak, est allée sur une petite place de Maadi et a vu effectivement se côtoyer, dans une même danse, galabeyas et sacs Vuitton, (peut-être vrais de surcroît).

Une révolution non islamique[1]. Les caméras des médias français, aveuglées par leurs préjugés, filment des gens en prière place Tahrir et les têtes des filles voilées, voulant attirer l'attention sur la dimension religieuse des choses. Mais pas de mots d'ordre des Frères Musulmans, pas de mots d'ordre islamiques. Tous les musulmans avec lesquels je discute considèrent les Frères Musulmans comme des forces marginales. Peut-être prisonniers d'une certaine conception de la laïcité, nous avons du mal à concevoir un peuple très religieux, dont les pratiques religieuses sont, sinon ostentatoires, du moins fortement socialisées, impliqué dans un mouvement politique sans objectifs religieux. Selon le reportage de *la Presse* et ses photos, des manifestants ont scandé le slogan de la révolution de 1919 « *La religion est pour Dieu mais la patrie et pour tous* » !

Une révolution patriotique. Le gouvernement et les partisans de Moubarak ont essayé de kidnapper le patriotisme en exhibant des drapeaux et en évoquant un complot ourdi de l'étranger. Mais les révolutionnaires ne se sont pas laissé faire, brandissant des drapeaux comme les jours de grand match et ne cessant d'affirmer qu'ils sentent plus égyptiens que jamais. Je réalise combien ils subissaient une aliénation d'une identité à laquelle ils sont très attachés.

Une révolution qui lève le voile, qui fait œuvre de vérité. Les Égyptiens apprennent beaucoup de choses sur les revenus et les capitaux de leurs dirigeants, sur les courroies de transmission du pouvoir. Mais elle est aussi porteuse de rumeurs et de manipulations.

Une révolution propre. La propreté, le souci de propreté, dans cette ville qui semblait en avoir oublié jusqu'au

---

[1] Ce passage 18 mois plus tard après la mainmise légale des Frères sur les institutions sonne étrangement.

mot, est incroyable : durant l'occupation de Tahrir, chaque matin, quand c'est la marée basse sur la place, les manifestants nettoient. Dans notre quartier, nous avons vu, dans la période chaude, un groupe de femmes d'une trentaine d'années, élégantes, non voilées, gantées, ramasser les déchets dans la rue. Après le départ de Moubarak, notre femme de ménage, qui avait refusé que sa fille de 22ans se joigne aux manifestants, va, avec elle, place Tahrir pour participer au grand nettoyage. Le dernier jour c'est la grande lessive. Même la cerbère dit qu'elle s'est mise à nettoyer la rue avec la voisine ; « *Avant, nous ne le faisions pas parce que ce qui est nettoyé par les uns était sali par les autres* ». Des gens repeignent le trottoir. Tous ces gestes me rappellent ceux des militants anti-CPE de la fac de Sceaux en 2006 qui, au terme de leur journée d'occupation avec sandwiches et litrons de rouge, avaient mis un point d'honneur à nettoyer et faire valider leur remise en ordre par le service de nettoyage. Mais la symbolique ici est encore plus forte. C'est un geste métaphorique d'une société qui veut nettoyer les scories de la corruption et devenir propre. C'est aussi la marque d'une citoyenneté, d'une nouvelle appartenance à une société. Les Égyptiens affirment ainsi clairement que les changements de comportement, d'en bas, vont de pair avec les changements institutionnels, les changements d'en haut.

Inquiétudes

Plongés dans un contexte nouveau et incertain, les Égyptiens sont inquiets. Inquiets de la transition politique. Construire la démocratie, ce n'est pas seulement organiser des élections, c'est avoir aussi des acteurs politiques. Les partis politiques laminés, compromis par le pouvoir, sont inexistants, à l'exception de l'ancien parti de Moubarak et des Frères Musulmans. Les hommes de l'ancien régime sont encore très présents dans le gouvernement et l'appareil d'État. Une rumeur affirme que de Sharm el Sheikh, Moubarak, son fils et son entourage tirent encore les ficelles.

Il faut nettoyer les corrompus mais jusqu'où aller, compte tenu de l'étendue de la corruption ? Une corruption multiforme : l'anarchie des rémunérations produit la corruption du pauvre et celle du riche ; la corruption financée par les citoyens (la police, l'administration) et la corruption financée par l'État (hauts gradés, responsables de la presse, magistrats..) ; la corruption pour ce qui est un droit (la carte grise) la corruption pour un passe-droit (un terrain public à bas prix).

Les Égyptiens craignent aussi pour la sécurité. La police sort affaiblie, beaucoup de postes de police ont été détruits, elle a aggravé son discrédit par sa participation à la répression. Pourtant, elle seule, peut assurer une sécurité de la ville à laquelle les Égyptiens (nous aussi !) sont très attachés. La lutte contre la corruption de la police a des effets pervers. La corruption de la police, inadmissible sur le plan éthique et politique, c'est la corruption du pauvre, la corruption de celui qui a un faible salaire. L'armée est d'autant moins corrompue qu'elle est bien payée (il est vrai que c'est plus difficile de corrompre un soldat sur un char que le policier qui vous arrête pour un excès de vitesse). La sécurité ne peut revenir que par une revalorisation de la police ! Pas facile !

Une crise sociale. Cette révolution, de façon très classique, trouve son origine, et sa force, dans la convergence entre une aspiration à liberté et à la démocratie et une revendication économique et sociale. Comme la révolution française née de la rencontre entre les aspirations d'une bourgeoisie imprégnée des Lumières et d'un peuple en souffrance. Aujourd'hui, le chômage, la pauvreté, la hausse des prix des produits alimentaires, ont concouru à nourrir le feu qui couvait. Il s'est produit une jonction des revendications politiques et des revendications sociales. Mais, très vite, la demande de changement politique a pris le pas sur la demande de changement social et a cristallisé les attentes.

La demande sociale se traduit déjà aujourd'hui par la propagation très rapide des grèves. Une certaine gauche française applaudit. Certes, la révolution politique attise les espoirs, révèle des secrets, des injustices, des abus. Légitimement, le peuple ne veut non seulement la citoyenneté juridique et politique, mais aussi la citoyenneté économique et sociale, d'autant que le départ d'un dirigeant tout puissant donne l'impression, l'illusion, que tout est possible, tout de suite. Mais les obstacles et les dangers sont nombreux. Faut-il se réjouir de cette crise sociale et projeter sur l'Égypte les schémas des crises sociales européennes, de sociétés salariées, dont les crises sont régulées par des acteurs syndicaux ? Une partie importante de la population est touchée par l'effondrement du tourisme. La vie économique s'est arrêtée et a du mal à repartir. Les salariés ont pas ou peu de soutiens financiers en cas de grèves. Beaucoup d'Égyptiens vivent au jour le jour, sans réserves.

Les solutions immédiates ne sont pas évidentes : le trésor des dirigeants et de l'État, aussi pharamineux[1] soit-il, ne peut financer qu'une partie infime, et une fois seulement, les besoins de la population. Une réforme fiscale peut jouer un rôle redistributif mais n'est pas la panacée. Les augmentations des salaires pèsent sur le budget et sur les prix. Il n'est pas aisé de jouer sur l'économie informelle. L'économie égyptienne, ouverte, est tributaire de l'économie mondiale (prix des matières premières, flux touristiques, concurrence sur les coûts de la main d'œuvre avec les économies asiatiques dans le textile en particu-

---

[1] Je choisis cette orthographe plutôt que celle de « faramineux » plus juste étymologiquement.

lier..). Le plus difficile sera sans doute de gérer l'impatience d'un peuple qui a longtemps attendu. Cette crise sociale risque de déboucher sur une grave crise, de provoquer un retour de bâton et de faire capoter l'acquis démocratique d'autant que l'armée n'aime pas le désordre.

Fruits doux, fruits amers de la Révolution[1]

La perception du temps déformé par la révolution

La révolution déforme le cours du temps vécu. Après trente ans d'immobilisme pour les Égyptiens, et simplement trente mois pour moi, en quelques jours, l'histoire défile sous nos yeux, accélère le déroulement des jours, bouscule les mémoires, rend caduques les certitudes de la veille, met à jour des vérités nouvelles, révèle des gens nouveaux, fait jaillir des mots nouveaux, de nouvelles idées.

Mais, dans le même mouvement, l'incertitude du moment qui vient, de l'avenir, de l'avenir collectif et de l'avenir individuel, allonge infiniment le temps, brise les projets, vide les emplois du temps, repousse des échéances.

Hier et aujourd'hui, un temps dense, plein, touffus, riche ; demain, l'inconnu, l'incertitude, le temps à venir est inexistant, vide et inquiétant. Alternance d'euphorie et de vide, la révolution nous rend cyclothymiques ou schizophrènes.

Révolution et imagination

Aujourd'hui, à l'université, j'assiste à une assemblée générale convoquée par les étudiants mais dont le premier rôle est tenu par le pharaon qui, fidèle à lui-même, fait sa propre lecture de l'histoire, défend ses choix, noie le pois-

---

[1] 12 mars 2011.

son dans l'eau, fait des attaques *ad hominem*. L'assemblée propose des commissions, des idées, des réformes. Tout d'un coup, je plane, j'ai l'impression d'être en apesanteur ; les projets, dont je suis partie prenante, se multiplient, alors que la question est de savoir si l'université ne va pas fermer en raison de la défaillance de mécènes et que, ce matin, la route est apparue encore moins sûre.

Les rumeurs les plus terribles courent. Des voleurs arrêteraient les voitures sur les routes pour en détrousser les passagers grâce à des enfants postés au milieu de la route, des arbres coupés ou des œufs lancés sur les pare-brises. Des femmes seraient enlevées, violées. Les gens ne sortent plus le soir. Des écoles refusent d'assurer le transport des enfants. Des bus scolaires auraient été pris en otage. Des menaces de racket seraient adressées à des écoles huppées. Un étudiant est enlevé. Les Égyptiens sont encore plus touchés que nous sur les inquiétudes et l'insécurité. Est-ce parce qu'ils sont mieux informés ? Est-ce parce les caisses de résonnance des rumeurs sont plus grandes et plus sonores ? Est-ce que, habitués à être entourés de policiers et de surveillants divers, prisonniers de leur addiction, ils se sentent abandonnés avec des coins de rues, des carrefours, des maisons, dépourvus de gardiens tout de bleu vêtus ?

Pauvreté

Avec des amis nous sommes au café El Fishawi, au cœur du Khan el Khalili, le fameux marché touristique du Caire ; beaucoup de boutiques sont fermées ; les cireurs de chaussures, habituellement enjoués et charmeurs dans le jeu de la vente et du marchandage, sont graves, durs et exigeants ; ils ont faim. Après avoir passé une demi-heure à écouter Sabry, le marchand de souvenirs, cabot, nous réciter, des vers de la poésie du XIXème et nous faire des exposés politiques toujours précis et sincères, après lui avoir acheté quelques souvenirs, je le vois, lui avec qui j'ai des rapports de complicité et d'estime mutuelle, me remercier humblement ; il n'a rien vendu depuis plusieurs jours. Réda, la housekeeper, est stressée, trois de ses amies ont perdu leur emploi de femme de ménage, elle a peur de découvrir un jour que nous sommes partis et qu'elle ne pourra plus soutenir sa famille. L'appauvrissement est général, la misère progresse. Est-ce une nouvelle bombe qui se prépare ?

Guerres de religion suspectes

Ces derniers jours, de violents affrontements « confessionnels » qui trouvent, une fois de plus, leur origine dans des histoires d'amour et des désamours entre chrétiennes, plus ou moins converties, et musulmans[1] ; mais, de l'avis de tous, ce sont les partisans de l'ancien régime qui ont provoqué, mis le feu au poudre et réussi à susciter haine, morts et destructions. A cette occasion, les salafistes font leur apparition dans certaines manifestations et, plus rassurant, apparaît un mouvement « *Maspero (quartier du Caire) contre le confessionnalisme* ».

Actualités : l'armée, c'est trop beau ?

La grande inconnue de la situation actuelle, c'est l'armée. Jusqu'ici elle a eu le beau rôle, seule grande force de cohésion, elle assure la sécurité, elle distribue les cartes démocratiques ; tout le monde l'aime et se fait prendre en photo au pied d'un char. De mauvais esprits font remarquer qu'elle n'a pas toujours été blanche au cours de la révolution (participation à la répression de la sécurité militaire), qu'elle est au pouvoir depuis des décennies, qu'elle est partie prenante au système ancien et qu'elle jouit de privilèges qu'il faudra, un jour, mettre sur la table.

---

[1] L'inverse, l'amour entre une musulmane et un chrétien est interdit, donc impossible à moins d'une conversion de l'époux à l'Islam.

Le grand déballage

Le grand déballage continue. Même les Égyptiens les plus avertis et les plus critiques n'en croient ni leurs yeux ni leurs oreilles. L'aide militaire américaine était donnée directement à Hosni Moubarak. Suzanne Moubarak gérait l'argent de la Bibliotheca Alexandrina. Un groupe d'amis du pouvoir a acheté 30 millions de m² de terrains à l'État pour un peu moins de 1$ le m² et en l'ont vendu. Il se dit que l'ancien ministre de l'intérieur, non seulement a largement bénéficié de la corruption, a lancé au début de la révolution forces de police, mercenaires à pied, à cheval ou à dos de chameau pour réprimer et tuer les manifestants, mais aussi a organisé, le jour de l'an copte, les agressions contre l'Eglise des deux Saints à Alexandrie qui ont causé de nombreuses morts et enflammé les esprits. La bataille sur les archives est dure : beaucoup brulent, d'autres disparaissent dans les broyeurs ou la nature.

Débats constitutionnels

De grands débats juridiques. Une discussion majeure sur l'article 2 de la constitution selon lequel la charia est une source du droit. Aux yeux d'El Baradaï, cette formulation est acceptable parce ce n'est pas la « lettre de la charia » mais les « principes de la charia », extrêmement généraux et nobles, qui sont les sources du droit. A suivre.

Un débat très jospinien sur le calendrier électoral : par quoi commencer, présidentielles ou législatives ? Dans ce pays où les deux partis les mieux organisés sont l'ex Parti National de Moubarak et les Frères Musulmans, des législatives peuvent avoir des résultats désastreux, alors que des présidentielles ouvrant la période démocratique pourraient permettre de structurer le paysage politique.

Des dispositions incroyables sur les conditions de nationalité pour être président : n'avoir que la nationalité égyptienne, de même que son épouse, ses parents et grands parents. Heureusement que tel n'est pas le cas en France, sinon Sarkozy n'aurait pas pu être président et beaucoup d'autres n'auraient pas pu être candidats (Chevènement, Joly, Valls, Fillon..).

L'Égypte s'oriente vers un référendum dans des délais très brefs ; c'est possible car la population est très bien quadrillée. Beaucoup d'Égyptiens n'ont pas de cartes électorales ; le vote se fera avec la carte d'identité !

Révolution

Quel plaisir de voir le visage de tous ces Égyptiens s'illuminer lorsque je leur demande « *Comment va l'Égypte ?* » ! De voir ces parents heureux et fiers que leurs enfants soient « *allés place Tahrir* ». Avec quelle joie, ces Égyptiens disent que, enfin, ils vont dire leur mot, que ce qui était caché sous la table va être mis au grand jour. Je réalise combien la force du mouvement tient à ce qu'il est porté par des sentiments profonds et profondément enfouis, une fierté refoulée, une dignité bafouée, une personnalité mutilée au cœur de chaque Égyptien. Nous qui sommes des gâtés, des gavés de démocratie, nous avons du mal à prendre la mesure de la mutilation opérée par les régimes autoritaires, qui privent les hommes d'une partie d'eux mêmes. Quelle est belle cette démocratie pour tous les hommes et pas réservée à des continents, des cultures des niveaux de développement ! Quelle est belle cette démocratie qui jaillit du peuple et qui n'est pas importée par les armes et le sang !

Révolution a-religieuse et a-socialiste

Ce n'est pas, comme en Iran, une révolution religieuse, même s'il y a toujours un risque de récupération : si les Frères Musulmans organisaient une partie de l'intendance sur la Place, les slogans religieux sont absents, et beaucoup, musulmans comme chrétiens, sont ceux qui revendiquent un mouvement non religieux.

Aussi remarquable est l'absence, en Égypte comme en Tunisie, de parole socialiste. Le printemps arabe est comparé à l'effondrement du Mur de Berlin : dans les deux cas, un mouvement profond, spontané, porté par le peuple, qui aura des conséquences immenses dans le monde arabe et bien au delà. Mais il existe une autre. Le mur de Berlin, pour des pays qui avaient été opprimés par le socialisme stalinien, était antisocialiste. La révolution arabe actuelle est a-socialiste : la question du socialisme ne se pose pas, alors même qu'une grande partie de la population souffre économiquement, que les inégalités sont insupportables et que le socialisme nassérien n'a pas laissé que de mauvais souvenirs. Comme la révolution française, c'est une révolution démocrate et nationale, libérale et patriotique. Cette révolution, c'est peut être une deuxième mort du socialisme.

Révolution et convulsions[1]

Le vécu d'une révolution, en fait ordinaire, où l'enthousiasme, le désir de justice et de dignité, la générosité, le consensus, la dynamique, laissent la place à l'incertitude, au désordre, à l'injustice, aux retours en arrière. Le peuple redevient foule, masse. Si l'élan est donné, le bouleversement qu'implique une révolution ne peut que naître des convulsions d'une société qui se cherche.

Troubles politiques
Le referendum a mal tourné. Les dirigeants militaires ont posé comme question l'adoption de quelques amendements à la constitution avec pour but essentiel

---
[1] 1er avril 2011.

d'entamer le double processus électoral. La plupart des partisans de la « révolution » préconisaient le *non* : ce n'est qu'un simple replâtrage, il faut modifier en profondeur la constitution et, en particulier, remettre en cause les pouvoirs du président, il faut prendre le temps.

Ont fait campagne pour le *oui* les islamistes et les « contre-révolutionnaires », pensant qu'ils étaient les mieux préparés à des échéances courtes et qu'un changement de constitution risquait de créer un système laïque. Certains ont même affirmé que voter *oui* était un devoir religieux.

Le *oui* l'a emporté de façon massive. Est-ce pour autant une victoire des « contre-révolutionnaires » et des islamistes ? Certainement pas [1]. Beaucoup ont voté parce qu'ils voulaient aller de l'avant, parce qu'ils craignaient qu'un vote négatif soit générateur d'incertitudes et d'immobilisme.

Quel dommage que la formulation de la question ait conduit les partisans du changement à avoir un vote négatif et minoritaire ! La population vote pour la première fois et ceux qui ont porté le mouvement disent *non* ! Les « révolutionnaires » sont contraints à un *non* minoritaire dans une société qui culturellement a tendance à dire *oui* plutôt que *non*. J'apprends même que les couleurs portées sur les bulletins de vote étaient tout sauf neutres. Le bulletin *non* est de couleur noire, alors que le *oui* est de couleur verte ; le vert, couleur de l'islam, couleur à connotation positive ! Le *non* noir, est doublement négatif.

Troubles

L'ambiance d'insécurité perdure. Peu de faits avérés ces derniers temps, mais beaucoup de rumeurs, de

---

[1] Un an après, cette appréciation s'avère erronée. Les résultats du référendum étaient annonciateurs des législatives dans lesquelles les démocrates seraient laminés.

craintes, chez les Égyptiens comme chez les étrangers. La révolution, née sur un terreau de misère, d'inégalités, d'insatisfactions, soulève une boîte de Pandore : les demandes sociales, essentiellement salariales, sont fortes, impatientes et, évidemment, désordonnées. Ce peuple, qui a subi un immobilisme pendant des années, ne veut plus attendre. Un chef d'entreprise, dont les salariés contestataires ont cassé les bras, a fermé ses usines, privant plusieurs milliers de personnes de travail. Un autre a été tué. L'amalgame entre corrompus et chefs d'entreprise marche à plein.

Quelques acteurs de l'ancien régime sont poursuivis, sans qu'il soit sûr que ce sont les pires. Moubarak et son clan ne sont pas vraiment inquiétés. Des caciques de l'armée, assurément mouillés politiquement, économiquement et criminellement dans l'ancien régime, sont à l'écart de toute poursuite, quand ils ne sont pas des acteurs de premier plan.

Plus près de moi.

J'ai du plaisir à collaborer avec la présidente de la deuxième université égyptienne, celle d'Alexandrie, (200 000 étudiants), professeur de médecine, première femme présidente d'une université publique, femme voilée et élégante, parlant un français et un anglais subtils. Comme tous les présidents et doyens nommés, elle appartient au parti ex-dominant ; elle a été invitée à démissionner et à rester jusqu'au mois de juin. Ce qu'elle fait ! J'arrive au bâtiment de la présidence, immeuble de briques rouge, face à la mer, sur la corniche, pas très loin de la Bibliotheca Alexandrina. La porte principale est close. Des passants m'invitent à faire le tour. Un véhicule blindé fait face à l'entrée arrière. Des hommes tendus, dont je ne sais pas s'ils manifestent où s'ils défendent le bâtiment. Une atmosphère électrique, explosive. Escorté, je rejoins son bureau et trouve cette petite dame affairée mais flétrie.

Gihan Zaki, l'archéologue pleine de charme et d'intelligence, fondamentalement éclairée et démocrate, responsable du « Fonds nubien », nous rejoint pour un déjeuner consacré au master de Management du patrimoine. En retard, elle vient d'essuyer seule, le face à face avec plusieurs centaines de salariés qui demandent des hausses de salaires. Elle ne peut les augmenter, elle ne sait pas faire, elle n'est pas là pour cela, elle est professeur et chercheur, elle veut fuir, rentrer en France.

Les étudiants de notre université se mobilisent. Leurs revendications mélangent le meilleur et le pire. Pour le meilleur, ils veulent plus de transparence et participer aux instances de décisions ; ils veulent améliorer l'image de marque de l'université. Pour le pire, ils font grève pour que les cours s'arrêtent à 15 heures, ils font un lynchage numérique sur Facebook de la jeune libanaise, pourtant très professionnelle, chargée des relations publiques, oubliant que les décisions sont prises par le pharaon qui, habilement, sait détourner les foudres estudiantines.

Pharaons vivaces et nouveaux barbus[1]

30°. Retour du printemps. Les policiers ont troqué leurs sinistres uniformes noirs contre des tenues blanches, immaculées, presque virginales. Une atmosphère lourde et brumeuse, mélange de poussière de sable, d'humidité et de pollution. Retour du printemps. Les fleurs mauves des jacarandas absorbent les feuilles de ces arbres élégants, déhanchés et aériens, avant que ce ne soit le temps des fleurs des flamboyants de manger, à leur tour, l'épais feuillage, créant, pour notre bonheur, de grandes boules d'un orange de feu.

---

[1] Début mai 2011.

Retour des embouteillages et des carcasses récentes qui témoignent de terribles accidents. Le printemps revient et le sentiment de sécurité, à l'Egyptienne, aussi.

Hier la révolution était spontanée, quotidienne, immédiate, charnelle, généreuse, intense, surprenante, imprévisible, inquiétante, excitante. Aujourd'hui, le travail de mutations se fait en profondeur. La révolution est, toujours imprévisible et inquiétante, mais aussi lointaine, souterraine, lente, raisonnée, hésitante, dispersée, multiple, complexe, contrastée.

Moubarak

L'actualité est riche : les Moubarak détenus et en procès, des chefs d'entreprises inquiétés, le retour violent des conflits dits confessionnels avec, en première ligne, les salafistes.

Mi-avril, l'incarcération des Moubarak, les deux fils à la prison de Tora, à quelques centaines de mètres de chez nous, le père à Charm-El-Sheikh pour des raisons de santé, fait naître une grande liesse et, enfin, avancer le processus politique. Il paraît que, au début de son arrestation, un pacte a été scellé entre lui et l'armée : son impunité sera préservée s'il reste silencieux.

D'Arabie Saoudite, est diffusée, le 10 avril, une cassette dans laquelle il se plaint de son sort et des injustes accusations portées à l'égard de sa famille. « *Les informations sur mes richesses et celles de ma famille sont mensongères et sans fondement* ». Le pacte est violé. Une demi-heure plus tard, premier interrogatoire. Cette cassette saoudienne tombe à pic ; elle dégage l'armée d'un serment qu'il lui aurait été de plus en plus difficile de tenir.

Moubarak est accusé de corruption, dilapidation de fonds publics, enrichissement illégal, implication dans le meurtre de manifestants. Moubarak en détention, poursuivi, c'est la satisfaction des revendications des révolutionnaires, c'est l'affirmation d'un état de droit, c'est le moyen de prévenir une contre-révolution, c'est une délivrance, un aboutissement, une condition pour qu'avance la démocratie : c'est lui le responsable des derniers massacres, de l'immobilisme et de la corruption qui ont régné depuis des décennies.

Il est jugé dans son pays, par les siens, par la justice de son pays, selon les lois qu'il a fait adopter, sans ingérence ou pressions extérieures. Rien à voir avec le traitement de Saddam Hussein.

C'est vrai, mais c'est cher payé son comportement : il n'a pas fui comme Ben Ali, ni engagé la guerre contre son peuple comme Kadhafi ou Béchir El Assad ! C'est un grand pas.

Pourtant Mona, très engagée dans la lutte, ne cache pas un pincement de cœur, c'est un peu le meurtre du père.

Le malade imaginaire
Alors que le Président déchu tenait jadis à toujours apparaître solide comme un roc, et alors qu'évoquer, même vaguement, son état de santé conduisait tout droit aux cachots et à l'anéantissement, voilà qu'à présent, les nouvelles de santé de Moubarak deviennent une rubrique quotidienne dans tous les médias. Bien entendu, il ne s'agit nullement d'indiscrétion ni de violation d'intimité. Il ne s'agit pas non plus d'acharnement à l'encontre d'un loser. Non. La surprise vient du fait que c'est bien Moubarak lui-même qui simule à présent la maladie, fait semblant de mourir, se tripote le cœur et l'estomac, se trifouille les poumons et le pancréas et refuse de quitter son lit d'hôpital ! Gloire à Allah ! Celui qui jadis expédiait en geôle quiconque évoquait sa maladie jure aujourd'hui ses grands dieux qu'il est malade ! » [1]

---

[1] *Usâma Gharîb, al-Dustûr* du 26 avril 2011.

Moubaraks et petits pharaons

Myriam, qui travaille à l'université, considère que la révolution est injuste si elle s'arrête à l'ancien chef de l'État et laisse tous les Moubarak et pharaons de second ordre : « *Le président de l'université continue à ne pas respecter les droits des travailleurs et à ne pas écouter les gens sous ses ordres ; c'est injuste pour Moubarak !*».

L'armée et la révolution

Il existe, en Égypte, depuis la révolution, deux forces en présence, l'armée et les forces révolutionnaires. Comment se combinent-elles ?

Selon une première lecture, c'est un équilibre dynamique. Les deux forces se compensent et se complètent. Toute brèche entre l'armée et le peuple remet en cause le processus démocratique. L'armée a assuré la continuité étatique, évite le bain de sang, porté la transition vers la démocratie, contrôlé la police et les forces contre-révolutionnaires. Mais, par nature, elle n'a pas d'initiative politique. A chaque fois que les révolutionnaires annoncent une revendication pour le vendredi suivant, à chaque fois l'armée prend les devants. Un équilibre dynamique entre une force qui assure la stabilité et l'autre le mouvement.

Pour d'autres, c'est un équilibre pervers. L'armée n'est pas en dehors de l'ancien régime, elle en était un pilier cumulant des avantages, pour ces chefs, et des privilèges pour l'institution. En outre, multipliant les arrestations arbitraires, elle ne cesse de violer les droits de l'homme. La justice militaire a condamné un blogueur arrêté pour avoir accusé l'armée sur son blog de torture de manifestants. L'armée a fait décamper des jeunes, garçons et filles, installés sous des tentes place Tahrir. Des tests de virginité ont été menés sur une douzaine de jeunes femmes ! Si elles ne sont pas vierges cela prouve que ce ne sont pas des manifestantes mais des putes. Quelle horrible intrusion dans la vie et dans le corps de ces femmes ! Une jeune femme ne peut pas être révolutionnaire si elle n'est pas vierge !

Mais attention ! Critiquer l'armée c'est vouloir remettre en cause le lien entre révolution et armée !

Nouvelles Affaires étrangères

Un changement de politique étrangère ; assez curieusement, le gouvernement qui semblait condamné à l'immobilisme dans l'attente des élections de l'automne, fait, en quelques semaines, des pas de géant en matière de politique étrangère, remettant en cause le divorce entre la politique de l'État et la perception du peuple égyptien. Moins grande docilité à l'égard des États-Unis et plus grande fermeté à l'égard d'Israël, sans abandonner l'accord de paix : ouverture de la frontière de Gaza et remise en cause de contrats de gaz hyper avantageux. Parrainage de la réconciliation entre le Hamas et le Fatah. C'est un des fruits de la révolution arabe : les palestiniens veulent participer au printemps arabe, le Hamas subit l'affaiblissement de son premier soutien, le régime de Bechir El Assad. Rapprochement avec l'Iran, ce qui a l'art de déplaire à Israël et aux pays du Golfe. Pitoyable Netanyahou qui court les chancelleries occidentales pour s'opposer à la création d'un État palestinien, qui n'arrive pas à se remettre du départ de son soutien régional, Moubarak.

L'université dans la tourmente de la révolution

Et l'Université ? Un membre important du Conseil de surveillance, se découvre, juste après la révolution, des problèmes de santé qui doivent être traités en France.

De surcroît, depuis des lustres, l'université ne paye pas son loyer à la collectivité publique qui l'héberge. Dans cette période de chasse à la corruption, surtout foncière, les ministres vendant à bas prix ou mettant à disposition des terrains, l'Université et l'Ambassade France font profil bas.

Pendant ce temps, les étudiants s'échauffent. Leurs représentants s'assoient gentiment à l'instance de concertation que nous avons mise en place avant de lancer des rumeurs ravageuses sur Facebook. Président et doyens verrouillent, sans laisser d'espace à la négociation, si ce n'est sur le mode du paternalisme et de la complicité festive.

Scandales financiers et arrestations en chaine

Selon le président de Carrefour, « *Deux grands chefs d'entreprises françaises ont leur associé égyptien en prison ; ils sont dans l'expectative*». Celui du Crédit agricole « *Beaucoup de nos gros clients sont partis à l'étranger* » ; des cadres expatriés oublient de revenir, d'autres ne seront pas remplacés.

La religion, les religions, encore et toujours

Les questions religieuses ne disparaissent pas. Consultation du dermato à deux pas de chez nous. Voyant, sur son bureau, un christ incrusté dans un verre transparent, je l'interroge sur l'état d'esprit des chrétiens aujourd'hui. Il me répond, plein de convictions, qu'ils ont confiance, Dieu protègera toujours les chrétiens d'Égypte !

Les islamistes donnent des messages contradictoires : certains draguent, politiquement, coptes et femmes, certains acceptent une forme de séparation entre politique et religion, d'autres encore disent que les islamistes ne veulent pas le pouvoir, d'autres, enfin, prônent l'adoption de la charia.

A Quna, entre le Caire et Louxor, agression par des salafistes d'un copte accusé à tort de gérer un réseau de prostitution regroupant des musulmanes. Cela veut dire « Maquereau oui, mais maquereau copte non » ?

Le 7 mai, affrontements terribles au Caire dans le quartier d'Imbaba. C'est encore Camélia, l'invisible, l'introuvable Camélia, au point que je me mets à douter de son existence, qui fait parler d'elle. Cette copte, convertie à l'Islam, serait séquestrée par les chrétiens.

Beaucoup invoquent la théorie du complot et la main de la contre-révolution, des adeptes de l'ancien régime qui attiseraient les conflits. Je suis à moitié convaincu. Peut être certains soufflent sur les braises, mais encore faut-il qu'il y ait des braises.

Les salafistes font de plus en plus parler d'eux. Mona : « *Il y a de plus en plus de barbus, surtout ceux qui ont la barbe orange* ». Quand je lui fais remarquer que les barbes ne peuvent pas pousser aussi vite, elle évoque une explication tout aussi inquiétante : les libérations des prisonniers politiques et le retour d'islamistes réfugiés à l'étranger entreraient dans un plan visant à déstabiliser la jeune révolution.

Curieuse émergence des salafistes. Il y a quelques semaines, dans toutes les bouches, le danger, c'était les Frères Musulmans. L'arrivée sur le devant de la scène de ces barbus, sortes de taliban à l'égyptienne, est loin d'être neutre. Avec leur irruption brutale et archaïque dans le paysage égyptien, qui catalyse l'hostilité d'une grande part de la population, les « frères » paraissent, tout à coup, modérés, fréquentables, modernes, démocrates. Objectivement, le mouvement salafiste redore le blason des Frères.

Les salafistes s'en prennent aux coptes, aux antiquités pharaoniques, au code de la famille : ils veulent remettre en cause la transmission de la nationalité à l'enfant par les mères et le « kholea », la possibilité pour les femmes de demander le divorce, en fait un divorce de second ordre, les hommes ayant toujours la possibilité de répudier leur épouse

« *Le salafisme à Alexandrie: Siégeant à la mosquée d'El-Fath, cheikh Borhamy communique principalement avec ses adeptes sur internet. Adoptant les principes de la « takia » (cacher les véritables objectifs de sa prédilection), il adopte une position très hostile à l'égard des chrétiens qu'il assimile aux mécréants. Il est interdit, selon lui, de féliciter les coptes dans leurs fêtes religieuses et il rejette le signe du croissant entourant la croix, symbole de l'union nationale égyptienne. Ayant joué un rôle important dans l'agitation de la foule des musulmans au lendemain de la disparition de l'épouse d'un curé à Minya après des rumeurs sur sa conversion à l'Islam et sa détention à l'église (affaire Camélia), cheikh Borhawy était également partisan d'un appel lancé par des ulémas zélés d'El-Azhar en faveur d'un boycott économique et social des coptes.*[1]

« *Le porte-parole officiel de la Prédication salafiste d'Alexandrie, a comparé les statues pharaoniques aux idoles érigées lors de la conquête musulmane. Ce rapprochement équivaut à une exhortation implicite à leur destruction.* »[2]

Soutien du printemps arabe et islamophobie

A l'ambassade, le 21 janvier, quatre jours avant le 14 juillet égyptien, Michèle Alliot-Marie nous avait servi un discours convenu sur la défense des droits de l'homme, la lutte contre le terrorisme, et la grande mission des Français. Début mars, Alain Juppé, a le beau rôle et se permet une sortie place Tahrir, nous donne un discours dense, riche, généreux et stratégique. Fin avril, Lelouche, très percutant avec sa simplicité, son empathie, son pragma-

---

[1] Revue *Rose Al Youssef*.
[2] Journal *Al-Yawm al-Sâbi*.

tisme. Mais comment peuvent-ils vivre leur soutien aux révolutions arabes au Caire et le surf sur l'islamophobie en France ?

Relire Bertrand Badie

« *Nous sommes entrés brutalement dans l'ère post-léniniste, où les mobilisations se révèlent efficaces lorsqu'elles n'ont pas, pour les animer, une organisation, un leader, une idéologie, un programme. Dans ce travail, l'Occident est bien mal parti. C'est en son sein, et non de l'intérieur du monde arabe, qu'a été inventée cette notion funeste d'"autocratie modernisatrice". L'idée, sinon le plan, était simple et se retrouvait déjà dans l'idéologie développementaliste des années 1960 : la mise en place de régimes autoritaires était jugée comme nécessaire pour assurer le développement et l'accession prochaine de ces sociétés au paradis de la démocratie et de la consommation. La recette avait même un avantage pour les tuteurs occidentaux : celui de leur offrir sur un plateau des princes dépendant de la manne occidentale et devenant ainsi des clients idéaux pour la diplomatie des grandes puissances.*

Avec le conflit israélo-palestinien, puis les événements du 11-Septembre, un pari supplémentaire faisait son apparition : les régimes autoritaires étaient d'autant plus fonctionnels que, de surcroît, ils offraient des garanties de sécurité qui devenaient l'obsession des grandes puissances. Le calcul était absurde, car il faisait mécaniquement le lit du radicalisme religieux et confiait aux mouvements sociaux le rôle exclusif de contestation. On a vu vers quels extrêmes funestes de tels choix ont pu mener.

Circonstance aggravante : la plupart des diplomaties occidentales ont fait preuve d'une incroyable myopie, préférant regarder les dictateurs devenus des partenaires routiniers plutôt que les sociétés, leur évolution et leurs transformations. Du coup, les premiers frémissements sociaux étaient accueillis avec scepticisme, et on préférait offrir une coopération répressive, à peine assortie de conseils de sagesse, plutôt que de prendre en compte ces dynamiques nouvelles. »

Amour et révolution

Les manifestations font naître de belles histoires d'amour, mais elles ne font pas tomber les barrières sociales. Ibrahim, mon fameux chauffeur, a rencontré l'amour place Tahrir. Mais l'amour est étudiante et fille d'un fonctionnaire qui ne veut pas d'un chauffeur comme gendre. Qu'à cela ne tienne ! Ils s'attendront pendant quatre ans et Ibrahim va entreprendre à la rentrée, *Inch'Allah,* des études de droit, pour pouvoir mériter la fille du fonctionnaire.

Une des multiples histoires qui circulent au Caire

Bush montre des autoroutes, des ponts, des aéroports : « *Regardez ces autoroutes, ces ponts, ces aéroports ; sur le prix total, j'ai eu 10% de commission* ». Poutine montre des autoroutes, des ponts, des aéroports : « *Regardez ces autoroutes, ces ponts, ces aéroports ; sur le prix total, j'ai eu 20% de commission* ». Moubarak montre un morceau de désert « *Regardez ces autoroutes, ces ponts, ces aéroports ; sur le prix total, j'ai eu 100% de commission.* »

L'enthousiasme commence à se Tahrir

Sur place sur La Place

Les sources de mon inspiration immédiate tendent à se tahrir. L'exotisme des rencontres et des évènements quotidiens s'efface devant l'immensité de la séquence actuelle. Mais cette histoire, elle-même, est difficile à lire, en dépit des lumières que nous prodiguent les experts venus de

France pour expliquer aux Égyptiens les tenants et les aboutissants de leur vécu, de ce printemps arabe difficilement déchiffrable. Parmi eux, les plus intéressants viennent partager leur empathie et la vision de long terme, Bernard Guetta, Guy Sorman, le libéral arabophile, plus convaincant en politique qu'en économie, Dominique Wolton[1].

L'impression que l'Égypte piétine. Les pauvres semblent plus pauvres et plus nombreux. La route redevient meurtrière. Des fous zigzaguent, inconscients, sur la route. Des ânes insouciants tirent leurs carrioles sur l'autoroute. Des bolides irresponsables foncent à double sens. Des hommes imprudents réparent leur véhicule au milieu de la chaussée. Les rues sont toujours aussi sales. Les jeunes, qui rafraichissaient les trottoirs des couleurs nationales, ont disparu. Les canettes volent des fenêtres ouvertes des minibus. Du haut des camions charriant les déchets, s'envolent des plastiques, des cartons, qui atterrissent sur la route. Les sites touristiques et les hôtels sont déserts mais le quotidien semble inchangé. Mais pouvait-on attendre de la révolution que cela change ? L'impression de faire du surplace.

Pharaons, barbus et baltaguis

L'insécurité toujours au centre des préoccupations. Est-ce parce que l'insécurité s'accroit ? Ou bien parce que l'Égypte passe d'une grande sécurité à l'insécurité normale d'une mégapole ? Parce que les policiers sont moins visibles ? Parce que la population est plus informée, plus sensible ? Un article inquiétant et instructif de *El Arham hebdo* sur la « baltaga » « l'usage de la force pour terroriser les innocents », menés par les « baltaguis », « casseurs » « criminels ». Loin des baltaguis des romans de Naguib Mafouz, robins des bois qui mettaient leurs forces

---

[1] Plus tard Alain Gresh.

au service des pauvres, les baltaguis sont politiques, - bras armés de Moubarak le jour de la fameuse bataille des chameaux, islamistes attaquant les églises ou coupant l'oreille d'un copte hébergeant des femmes supposées légères, partisans de l'ancien régime -, ou bien des droit commun, voleurs, violeurs. Hôpitaux et tribunaux ne sont pas à l'abri.

Ce contexte renforce le rôle central de l'armée. Le couple armée-jeunes de la révolution, forces de l'ordre et force du mouvement, trouve un équilibre dynamique fragile que d'autres tentent de miner, partisans de l'ancien régime, islamistes de tous poils.

Le processus institutionnel est indéfini : la première assemblée sera-t-elle constituante ? Qui va gagner les prochaines élections ? Les Frères Musulmans (F.M.) ? Je n'ai rencontré personne qui dise voter F.M. Peut être est-ce un vote honteux comme le vote F.N. en France. Qui va écrire la nouvelle constitution (« *destour* ») ? Peut-on demander à un président fraîchement élu de rédiger une constitution qui limite ses pouvoirs ? Pour qui voter aux présidentielles ? El Baradei, le grand diplomate, résistant de la première heure, l'étranger qui flirte avec les Frères Musulmans ? Amr Moussa le populaire mais, pour beaucoup, un homme de l'ancien régime. L'impression de déjà vu.

Une autre nouveauté : ceux qui réprouvent la révolution font entendre fièrement leur voix. La semaine dernière, j'entre dans le bureau du secrétariat de la faculté de gestion, cinq ou six femmes, enseignantes ou administratives m'accueillent avec un triomphal « *C'est une réunion des contre révolutionnaires* » ; ce qui était impensable, il y a encore quelques jours et qui m'a fait froid dans le dos.

Le nœud gordien c'est le procès Moubarak. L'Égypte est au milieu du gué. Les procédures sont enclenchées mais le régime semble hésiter. Hosni est toujours à Charm. Va-t-il être condamné ? Le processus révolutionnaire ne peut que déboucher sur une condamnation. Mais la condamnation ébranlerait l'image symbolique du père, du pouvoir, d'un héros de l'histoire, d'un pilier de l'armée.

Cicatrices et bouches cousues

La militante locale du parti socialiste, espèce plutôt rare ici, a embauché Mahnaz pour ses talents d'infirmière, pour pratiquer des soins aux blessés de la révolution. Le régime fait une fleur à ces horribles mutilés, ou du moins à certains d'entre eux. Ils sont accueillis dans un hôpital quatre étoiles… mais le personnel aux uniformes impeccables les ignore. Les bénévoles viennent, taillent des tignasses pouilleuses, tendent de lutter contre les escarres, de soigner des ongles incarnés, de prodiguer des soins à ceux qui viennent de se faire opérer, de former les familles à l'hygiène. Les bénévoles interviennent mais, à une condition, ne rien dire ; il ne faut pas faire de bruit médiatique autour de ces victimes ! *Médecins du monde* s'abstenir !

2011 impunités perdues

La mort de Bin Laden est ici passée inaperçue. Souhaitons que la formule selon laquelle les révolutions arabes sonnent le glas de la révolution islamique (Khomeiny) et du terrorisme au nom de l'Islam (Bin Laden), soit confirmée par l'histoire. 2011, l'année des impunités perdues. Chefs d'État dictatoriaux, Ben Ali, Khadafi, Moubarak, El Assad, chef de guerre Madlic, grand chef du terrorisme Bin Laden[1].

---

[1] Des fins d'impunités dans un autre registre, Chirac condamné à la prison avec sursis et DSK condamné à être mis à nu.

Le sable (juil. 2011)

Le sable et le temps

En Égypte, en dehors de quelques montagnes, tout ce qui n'est pas Nil est sable. Le sable fin et soyeux des dunes, des dunes des photos et des films. Le sable pur, mais aussi le sable sale. Mais aussi le sable grumeleux, grossier, le sable terre. Ou bien, au contraire, la sable poussière. Le sable poussière qui pénètre les intérieurs, qui recouvre voitures, arbres et façades. Sable omniprésent. Le sable qui devient boue, dégoulinant des arbres, les rares jours de pluie. Le sable qui s'envole des camions des marchands de sables et vient grésiller sur nos pare-brise. Les vents de sable que mon œil ne sait pas toujours distinguer du brouillard. Le sable qui fascine. Le sable des chevauchées qui rend fous les chevaux les plus calmes, fous de ne pas avoir de bornes. Le sable, terrain de jeu des grands enfants expatriés, qui aiment crapahuter et faire vroum-vroum dans des quads ou des 4 x 4. Le sable mirage de liberté. Le sable dans lequel on s'enlise, dans lequel on perd ses repères ; le sable dont on ressort meurtri ou brisé. Le sable aussi contre lequel luttent, de façon récurrente, les chiffons des femmes de ménage, les torchons humides des *baouabs* qui lustrent, chaque jour, les voitures, les misérables balais et les pelles cabossées des ramasseurs de sable de l'autoroute. Le sable qui préserve du pourrissement et du pillage ce qu'il engloutit. Le sable qui nous a conservé des merveilles de l'Antiquité. Comme dans le sablier, le sable est inséparable du temps, le temps qui s'écoule, le temps qui tourne. Soit le temps s'étire indéfiniment et le sable, inaltérable, assure l'immortalité des trésors pharaoniques. Soit la roue du temps tourne et le sable, mu par le vent, n'arrête pas de revenir. Tel Sisyphe, la femme de ménage, le baouab et le ramasseur de sable repoussent en permanence leurs rochers infiniment petits.

Le sable qui m'engloutit. Le sable dans lequel s'enlisent nos projets.

Démocrates, militaires et islamistes (sept. 2011)

Mickey et les islamistes. L'université, victime collatérale de Disney. Minnie et Fulla : deux poids deux mesures ?

Selon le journal *Shorouk* en version numérique du 27 juin, « *Le parquet a entamé une enquête sur (..) deux ex-ministres de l'habitat, placés en détention à Tora pour corruption et trois hommes d'affaires dont Naguib Sawiris en leur qualité de membres du conseil d'administration de l'Université française d'Égypte, et ce, pour gaspillage de fonds publics et bénéfices indus* ». L'université est, une fois de plus, dans la tourmente. Pourquoi cette charge contre trois hommes d'affaires dont Naguib Sawiris, alors que personne ne s'est enrichi grâce à l'UFE? Peut-être cet article du *Monde* daté aussi du 27 juin nous donne la clef.

« *Pour avoir posté sur son compte Twitter une image de Mickey et Minnie habillés en tenue islamique, avec la mention « Voici l'avenir de l'Égypte », le magnat des télécoms égyptien Naguib Sawiris doit affronter une tempête de protestations, à la fois sur internet et en justice. Plusieurs avocats ont porté plainte pour « insulte envers l'Islam » contre l'homme d'affaires, tandis que des appels sont apparus sur les réseaux sociaux pourboycotter sa compagnie de téléphonie mobile, Mobinil. M. Sawiris est un chrétien copte qui affiche des ambitions politiques depuis la chute du président Hosni Moubarak ».*

Mais il ne faut pas oublier que c'est en Arabie Saoudite qu'est née la poupée Barbie voilée, la fameuse Fulla. : « *I love my Hijab. My Hijab is my choice* » Produire des poupées Barbies voilées est une heureuse islamisation lorsque cela émane des wahhabites mais diffuser le dessin d'une Minnie voilée est profanation lorsque cela vient de coptes.

Fin août, Sawiris a de nouveaux et graves problèmes ; son entreprise Mobinil est accusée d'avoir installé des équipements de télécommunication surdimensionnés dans le Sinaï, dans le seul but de permettre aux israéliens d'espionner l'Égypte. Accusation qui me semble abracadabrantesque mais très dangereuse.

Révolution ou shopping ?

Liban début juillet, nous sommes venus du Caire en voisins. Beyrouth nous paraît dans un autre monde, avec ses joggeurs sur la corniche aménagée et ses femmes qui exposent leur peau, à l'air, au soleil et aux regards. Quel petit pays de contrastes ! Contrastes de paysages entre la mer, la montagne, la plaine de la Bekaa. Contrastes sociaux entre les pauvres, qui ressemblent aux Égyptiens, et les riches, qui se promènent ostensiblement avec leur bonne philippine dans les rues de la capitale. Contraste de religions qui voisinent près de la Place de l'Etoile de Beyrouth. Saïda (Sidon) où se tient notre université d'été, qui rassemble des étudiants du pourtour méditerranéen sur les printemps arabes, est plus proche de notre environnement égyptien et moyen-oriental ; le professeur libanais, organisateur de notre rencontre dans des locaux de l'université libanaise, doit négocier et rendre des comptes aux étudiants élus du Hezbollah qui s'interrogent sur notre colloque.

Au cours de cette semaine avec une petite quinzaine de nos étudiants, je reçois une image crue de la population de notre université, miroir, sans doute, des jeunes Égyptiens. Quatre se défoncent pendant toute une nuit pour préparer avec des étudiants tunisiens un remarquable exposé sur la comparaison des révolutions entre les deux pays, tandis que les autres, disparaissent, tous les jours, pour aller faire du shopping à Beyrouth pendant que le séminaire discute de ce qui agite leur monde et bien au-delà. Je suis triste et inquiet pour l'Égypte, mais j'essaie de me rassurer, en pensant que, en 1968, les étudiants mobilisés par les

« évènements » étaient une toute petite minorité, ce qui n'a pas empêché de faire avancer l'histoire.

L'oasis de Siwa en septembre

Le petit aïd dans l'oasis de Siwa. Du Caire jusqu'à cette oasis du désert libyque, à quelques dizaines de kilomètres de la Lybie, huit heures de routes dont trois cents kilomètres de désert plat, sans vie, hormis quelques dromadaires plus ou moins sauvages. Une dépression de quatre vingts kms de long aux paysages variés : plateaux rocheux, dunes de sables qui ondulent somptueusement, pièces d'eaux de toutes tailles, sources, froides ou chaudes, lacs d'eau douce avec des petits poissons qui nous picorent les peaux, lacs d'eau salée, lac asséché en été, blanc comme neige. Sur les traces d'Alexandre venu consulter un oracle qui l'a rassuré sur son origine divine et de Cléopâtre qui aurait pris un bain dans la même piscine que nous. Ce village est fortement investi par Mounir ; ce docteur en chimie, copte, ancien proche de sœur Emmanuelle, introducteur de la micro-finance en Égypte avec Younès, est aujourd'hui un croisé de la lutte pour l'environnement et aussi un hôtelier singulier. Son écolodge est fascinant, construit au pied d'une falaise au bord d'un lac avec des matériaux naturels : murs de pierre et de terre séchée, tables de planche de palmiers et, surtout, meubles ou parois de pierres de sel qui laissent passer la lumière. Chaque chambre, chaque pièce, est originale par son agencement comme par la forme des pierres utilisées. Mais nous ne déboursons pas les 400 euros qui donnent droit à une chambre sans électricité dans cet écolodge et nous contentons de l'Heritage hôtel, situé à côté des ruines de l'ancienne ville un jour anéantie par une pluie torrentielle et non prévue.

Des villageois berbères qui parlent des Égyptiens comme d'un peuple étranger ; des hommes propres dans leur galabeya d'un coton blanc impeccable. Mais quel spectacle choquant que celui des rares femmes, posées comme de lourds sacs de marchandises à l'arrière des pickups ou des carrioles d'âne, femmes aux regards invisibles derrière leurs voiles noirs !

Septembre gris

Dans cette rentrée de septembre, je trouve les Égyptiens pessimistes. Ils renouent avec une sorte de fatalisme. Avant, la fatalité, c'était Moubarak, aujourd'hui, c'est la conviction que la situation va se détériorer. Les plus optimistes pensent que les élections vont faire repartir l'Égypte. La plupart disent que, dans le long terme, l'Égypte trouvera développement et harmonie.., mais dans le court terme ? Les plus lucides pensent que l'Égypte ne changera pas si les Égyptiens ne changent pas eux mêmes.

Le torchon brûle

Le torchon brûle entre l'armée et les « révolutionnaires » - on utilise de moins en moins cette expression et mieux vaudrait parler des « démocrates » -. Au cours du printemps, c'est sur ce couple que reposaient l'équilibre et la dynamique de la « révolution ». Tahrir apportait le souffle révolutionnaire, la détermination, les idées, le courage, la volonté démocratique, la légitimité des idées et des martyrs. L'armée paraissait, à la fois, la seule force de sécurité, après l'effondrement, ou l'effacement, de la police, et la continuité de l'État ; l'un apporte le mouvement, l'autre la stabilité. Ce tango a pris fin et les cartes se redistribuent. La persécution d'Asma Hafez en est l'illustration. Militante du mouvement démocrate du 6 avril, elle a été arrêtée et détenue sur le motif d'humiliation et incitation au meurtre des membres du Conseil des forces armées, alors que son seul crime est d'avoir critiqué, sur son compte twitter, la lenteur des procès Moubarak.

Le Conseil militaire et les islamistes, Frères Musulmans et même salafistes, semblent se rapprocher et converger dans leurs critiques des révolutionnaires. Les Frères Musulmans ne s'associent pas aux revendications des démocrates : fin de l'état d'urgence, arrêt des traitements des civils par les tribunaux militaires. Mais les Frères Musulmans se méfient des militaires et n'oublient pas que, en 1952, les Frères Musulmans avaient soutenu les officiers libres avant d'en être les victimes. Mais que veut l'armée ? La presse évoque d'un pacte entre l'armée qui aurait la présidence et les Frères Musulmans qui domineraient le parlement.

Débats juridiques à profusion
Les débats juridiques sont au cœur de tous les conflits politiques actuels, qu'il s'agisse du rôle de l'armée, de la place de la religion ou de la place des partis politiques.

Les révolutionnaires s'insurgent contre les lois d'exception, alors que l'armée s'accroche à l'état d'urgence et aux tribunaux militaires pour protéger l'ordre et aussi, et surtout, pour éviter toute remise en cause de ses pouvoirs par la Place Tahrir.

La préparation des élections du parlement fin novembre fait naître un autre débat sur le système électoral. Les partis politiques sont attachés au scrutin proportionnel qui, pour une assemblée essentiellement constituante, paraît légitime. Mais les militaires tiennent absolument à ce que certains sièges soient pourvus au scrutin majoritaire. Pour corser la sauce, ils précisent que ces sièges sont réservés à des « indépendants » et donc que les membres des partis ne peuvent se présenter et que, une fois élus, ils ne pourront rejoindre un parti. Les partis politiques, toutes tendances confondues, voient dans cette manœuvre un boulevard pour les anciens de Moubarak connus sur le terrain et favorisés par le scrutin uninominal.

Opposition entre l'Imam d'Al Azhar et les islamistes
Les débats les plus nourris et les plus graves pour l'avenir de l'Égypte portent sur la place de la religion et les rapports entre l'Islam et l'État.

Depuis la révolution de janvier, l'article 2 de la constitution, selon lequel l'Islam est « *la religion de l'État* » et « *les principes de la charia sont la source principale de législation* », est au cœur de nombre de débats. Les libéraux voudraient laïciser la formule en la réduisant à un simple constat en disant que « *l'Islam est la religion de la majorité des Égyptiens* » et atténuer la portée de la charia en affirmant que l'Égypte doit respecter la Déclaration universelle des droits de l'homme. Au contraire, les islamistes veulent remplacer l'expression *« les principes de la charia »* par les *« dispositions de la charia »*. Mais l'application de ce principe aboutirait à une remise en cause de la démocratie et à un État religieux si une instance religieuse non élue était chargée de veiller à la conformité des lois.

Les partis religieux pullulent, qu'ils émanent de Frères musulmans, des salafistes et même récemment des soufis. Dans ce bouillonnement inquiétant, à la mi-août, Al Azhar, institution millénaire, dont l'université attire des étudiants du monde entier, et qui reste, en dépit de son déclin et du poids grandissant du wahhabisme saoudien, la plus prestigieuse de l'Islam sunnite, a pris une initiative remarquable. Le grand Imam a présenté un texte, fruit d'échanges entre Al Azhar, des intellectuels et des politiques « *Al Azhar, en tant que pôle fédérateur et guide de la nation, et comme plate-forme pour la diversité et l'harmonie, peut jouer un rôle primordial dans la définition de la relation entre l'Islam et l'État. L'institution tente durant cette phase délicate de l'histoire du pays d'adopter une attitude modérée et consensuelle* ». Le document d'Al-Azhar vise notamment à éviter que le discours religieux ne soit « *exploité par divers courants déviants qui pourraient brandir des slogans religieux confessionnels ou idéologiques en contradiction avec les fondements de notre nation* ». Le document, adopté par 35 partis et forces politiques et 8 candidats à l'élection présidentielle (dont Amr Moussa et El Baradai), se présente sous forme de « principes supra-constitutionnels » ayant pour objectif d'établir « un État national constitutionnel démocratique moderne ». Cette expression a été préférée à celle d'État « civil », par souci de compromis entre les interprétations violemment contradictoires des libéraux et des islamistes.

Les principes de la charia islamique devaient rester « la source essentielle de la législation » - comme c'est le cas actuellement -. Mais le document prône l'adoption d'une démocratie, fondée sur le respect des droits de l'homme, de la femme et de l'enfant. Respect des trois religions monothéistes et protection des lieux de culte, recours des adeptes des autres religions monothéistes à leurs propres tribunaux concernant les affaires de statut personnel. Le document considère « *l'incitation à la dissension confessionnelle et les appels racistes comme des crimes contre la nation* ». Dans ce pays où, être traité de « mécréant » est une injure grave, la « laïcité » prend la forme d'une égalité de statut entre les différentes religions et non d'une séparation entre la sphère privée des convictions et la sphère publique. Il est aussi très significatif que des droits ne soient reconnus qu'aux trois religions monothéistes, religion du Livre alors que bouddhistes et bahaïs, sans parler des athées, sont exclus de ce compromis.

Les courants islamistes ont vivement critiqué le texte. Les plus modérés mettent en avant un argument juridique, déniant toute portée à des principes supra-constitutionnels parce que la légitimité constitutionnelle provient, soit du referendum passé, soit de l'Assemblée constituante à venir ; il n'y a pas de raison de lier les mains des futurs constituants. D'autres, plus radicaux, s'opposent au caractère non confessionnel de l'État égyptien.

Bouillonnement au Moyen-Orient

Si les Égyptiens se réjouissent du départ de Kadhafi, je ne suis pas sûr qu'ils soient enthousiasmés par l'expédition franco-britannique en Lybie, peut-être parce que cela leur rappelle celle de Suez de 1956. Ils partagent les souffrances des Libyens et des Syriens, victimes de la résistance de leur tyrans qui ne veulent pas lâcher, sans aller toutefois jusqu'à bénir Moubarak, qui a eu le bon goût de partir avant que le bain de sang ne s'amplifie.

Le positionnement d'Israël se modifie. Israël ne peut plus invoquer sa situation exceptionnelle d'îlot démocratique dans un environnement de dictatures arabes. La démocratie donne de nouveaux contours à la diplomatie. Si Moubarak ne pouvait opposer la volonté de son peuple aux dirigeants américains et israéliens se drapant derrière les exigences de leurs électorats, les nouveaux dirigeants égyptiens peuvent mener une autre diplomatie en s'appuyant sur l'opinion du peuple.

Au nom de la défense de la sécurité d'Israël, Tsahal tue « accidentellement » des militaires égyptiens en territoire égyptien. Peut-on imaginer la situation inverse, l'armée égyptienne tuant « accidentellement » des militaires israéliens en territoire israélien ? La réaction du pouvoir égyptien est molle et complaisante, celle de la rue enfle et se découvre un nouveau héros, « *flagman* », le jeune égyptien qui escalade la façade de l'immeuble de l'ambassade d'Israël et remplace le drapeau israélien par le drapeau égyptien. Mais l'agressivité des attaques contre l'ambassade d'Israël inquiète les démocrates pour qui c'est une provocation destinée à ternir l'image des manifestants du vendredi. Les rapports se tendent aussi avec les « arabes » du Golfe, Qatar et Arabie Saoudite en tête, qui ne voient pas d'un très bon œil se propager un souffle démocratique. Les voisins de l'Est arrosent des ONG égyptiennes pour nourrir la contre-révolution.

L'ottoman, islamiste, leader arabe donneur de leçons laïques !

Incroyable voyage au Caire de Erdogan en septembre 2011, le premier ministre turc « islamiste » ; il marquera sans doute plus l'histoire que le lyrisme de Obama au printemps 2009 resté lettre morte. Après qu'Israël « enfant gâté », selon sa belle expression, ait refusé de s'excuser pour le meurtre de turcs lors de l'expédition contre le blocus de Gaza, Erdogan vient saluer le printemps arabe. Lui, le turc, se présente comme le défenseur de la cause arabe ! Dans des pays où l'empire ottoman reste une période d'étouffement national et de domination étrangère ! Lui, l'islamiste, il donne des leçons de laïcité aux musulmans égyptiens ! Il est temps que la France plaide pour l'entrée de cette puissance régionale en Europe.

Zèles islamistes

Le Parti égyptien de Liberté et Justice, l'aile politique des Frères Musulmans, souhaite l'interdiction des bikinis et de la vente d'alcool, voire la séparation des plages en zones pour les hommes et les femmes. Un porte-parole d'un groupe salafiste souhaite que les statues des temples et des pyramides, contraires à la religion, soient recouvertes avec de la cire. Selon le journal El Dostour fin août « *Des zélés islamistes au quartier de Safit Al Labane (Guiza) ont amputé la main d'un voleur en application intégrale de la charia sans la moindre intervention policière* »

Plaisir des mots : Vendredis colorés de la révolution

Les vendredis de manifestation sur la place Tahrir rivalisent de jolis noms : « *Vendredi de la colère* » (28 janvier), « *Mercredi de la Bataille du chameau* » en évocation d'un épisode fameux de l'histoire musulmane (2 février), « *Vendredi du départ* » (11 février), « *Vendredi des martyrs, de la gratitude, du tourisme* » (18 février), « *Vendredi du salut national, de l'assainissement de la corruption* » (25 février), « *Vendredi de l'union nationale* », « *Vendredi contre la contre-révolution* », « *Vendredi pour sauver la révolution* », « *Vendredi de la purification* », « *Vendredi contre les corrompus* », « *Vendredi de la révolution d'abord* », « *Vendredi de la volonté populaire et du resserrement des rangs* », « *Vendredi pour l'amour de l'Égypte* », « *Vendredi du silence assourdissant* », « *Vendredi de la remise des choses sur les rails* »

Au moment de l'Aïd, les Égyptiens se souhaitent des vœux ; cette année, « *Aïd Moubarak* » (Aïd béni) a été remplacé par « *Aïd Saïd* » (joyeux Aïd) !

Morte sur le macadam

Sur la voie rapide qui nous mène de l'université à la route de Suez, une voiture de police et un pick-up garés. Derrière, un homme, debout, dont l'allure reflète une forme d'embarras. Lorsque nous avançons, je vois, à côté de lui, un corps allongé sur le macadam, au milieu d'un rectangle jalonné de pierres. L'accident doit être récent. C'est un corps de femme. Son grand manteau sombre lui donne un air majestueux. Majestueux mais indécent, révoltant.

Le chauffeur-leader

Ibrahim, mon chauffeur, a pris un nouveau tournant dans sa vie. Ce démocrate, révolutionnaire de la première heure, avait rencontré place Tahrir, l'amour et était décidé à commencer des études pour conquérir la raison du père après avoir conquis le cœur de la fille. Mais, de vendredi en vendredi, de réunion en réunion, son dynamisme militant est mieux reconnu que son ardeur amoureuse. Il est élu responsable du groupe du 6 avril (un des deux grands partis démocratiques) pour le quartier pauvre, une véritable ville, Shubra, dans le nord du Caire. Il est le chef d'une cinquantaine de personnes ; il craint pour lui. Mais précise qu'il n'est élu que pour un an : il faut une rotation des responsabilités. Il abandonne l'idée de faire ses études à l'université. Son projet est de devenir député.., à l'horizon de 15 ans.

Je le vois différemment. La révolution l'a fait mûrir, vieillir. Le jeune homme fougueux et nerveux a laissé la place à un homme jeune, grave, profond qui semble soucieux d'organiser son travail de leader politique et habité par une foi, un espoir, une mission.

Journal d'une femme de ménage.

Réda, notre femme de ménage est aussi bouleversée. Imen, sa fille, fait un chemin inverse d'Ibrahim. Après les mobilisations de la place Tahrir, elle rencontre l'amour ; l'élu veut demander les fiançailles. Péril en la demeure du côté de Réda. Elle ne peut donner suite à cette demande, faute de canapé : comment recevoir la famille du garçon sans un canapé dans la pièce principale ? Comment repousser la demande de façon élégante, sans avouer ses pauvres et tristes motivations et perdre la face ? Elle trouve une idée, demander comme préalable aux fiançailles une bague d'un prix de nature à dissuader, au moins pour un temps, le jeune homme. « *Nous accepterons les fiançailles quand tu auras offert un bague de 15000 livres* » (un peu moins de 2000 euros) ; le coup était mal calculé. Le garçon réplique que 15000, ce n'est pas possible mais qu'il peut offrir une bague de 10 000 livres.

L'écart correspondant à la marge normale de marchandage, Réda ne peut que battre en retraite, préparer les fiançailles et trouver une solution au problème du canapé.

Son petit garçon allait à l'école publique. 80 élèves par classe. Craignant qu'il n'apprenne rien, elle, musulmane voilée, l'inscrit dans une école privée tenue par des sœurs. Mais les salafistes menacent de brûler toutes les écoles chrétiennes. L'école a fermé une semaine avant de recevoir une - maigre - protection.

La vie est un long Nil tranquille (mi-octobre 2011)

Nous partageons, avec ceux qui, de France, regardent sur leur étrange lucarne, les mêmes images de scènes violentes du Caire. Les mêmes images mais, sans doute, on ne voit pas la même chose. Les lieux - les quais du Nil, le pont - nous sont connus, les têtes nous semblent familières.

Le feu des haines confessionnelles est, certes, attisé par tous ceux qui ont à gagner au désordre, mais les braises couvent dans un pays conservateur, peu éduqué, saoudisé, où la religion, pour les musulmans comme pour les chrétiens, est un élément essentiel de l'identité. Ces désordres révèlent ainsi les fractures de la société égyptienne mais aussi le rôle terriblement ambigu de l'armée.

Nous sommes à quelques kilomètres de Tahrir et Maspero. Notre quotidien est touché, de façon non dramatique mais profonde, par cette période post-révolutionnaire. Sur notre sécurité, nous sommes le jouet des informations et désinformations stratégiques. Le consulat français, comme pendant les périodes critiques antérieures, dédramatise la situation et ne prend en compte que les agressions dont sont victimes les Français, comme si nous étions les otages d'un message envoyé par la France aux gouvernements égyptiens, quels qu'ils soient, « *Nous vous faisons confiance* ». Nos amis, employés par British

Gas, reçoivent au contraire, en permanence des messages anxiogènes sur les lieux dangereux à ne pas fréquenter ; les compagnies pétrolières sont riches et veulent limiter les dégâts pour leur personnel.

Je me moquais de ces balayeurs de sables d'autoroute, qui me paraissaient dérisoires ; mais ils ont disparu et le sable envahit les routes jusqu'à former des plages de dérapage et, quelquefois même, de petites dunes. Nous sommes loin de cette période révolutionnaire, ardente à toute sorte de nettoyage, où des bandes, de jeunes mais pas seulement, égayaient les rues en nettoyant et repeignant fièrement les trottoirs aux couleurs du drapeau égyptien.

Nous avons abandonné nos douces habitudes : se promener le soir, après dîner, rue 9 de l'autre côté de la passerelle sombre, et retrouver Sabry, le marchand de souvenirs, la pharmacienne copte, âgée, blonde aux yeux bleus au délicieux accent en français, le coiffeur si fier d'avoir, enfin, une fille, le libraire qui nous fait toujours un petit cadeau. Nous ne nous évadons plus pour voir si la mer Rouge est toujours aussi bleue, malgré les énormes bateaux qui franchissent le canal de Suez.

Des frondes plus que des urnes

A une semaine, en principe, des élections, ou plutôt de la première semaine d'un processus long et complexe, sans doute trop complexe pour un peuple qui découvre la démocratie, la situation est au comble de la confusion. Les images de la télévision montrent Tahrir dans tous ses états. Ces images modèlent notre regard sur les évènements car l'étrange lucarne privilégie les informations avec images aux informations sans images, les images dramatiques aux images paisibles. Mais les morts se multiplient. Des activités sont suspendues. Sans créer une situation dramatique pour nous, cela en rajoute à l'inquiétude née des multiples agressions dans notre quartier et aux interdictions par l'ambassade de voyages éloignés.

Islamistes, militaires et démocrates

Les islamistes, c'est-à-dire les Frères Musulmans et les salafistes, qui sont tantôt concurrents tantôt alliés, souhaitent que les élections aient lieu et rapidement, - ils sont les mieux préparés -, et qu'aucun principe supra-constitutionnel n'entame la liberté d'action de la future constituante qu'ils comptent dominer, ni les amendements réclamés par l'armée, ni ceux qui réclamés par les libéraux, notamment un « État non confessionnel ». L'expression d' « État non confessionnel » est plus politiquement correcte que celle de « État civil » (civil est à double sens, opposé à la fois à religieux et à militaire) ou État laïque, terme qui est à la fois déplacé et provocatrice, dans un pays composé de croyants qui ignorent et dévalorisent les « mécréants » qui peuvent même être qualifiés d' « impies ».

L'armée, qui détient le pouvoir, paraît complètement désarçonnée et exclusivement préoccupée de conserver ses prérogatives : opacité sur les agissements de la sécurité militaire et de l'armée ; refus de la remise en cause des tribunaux militaires ; transfert tardif du pouvoir aux civils. Des revendications incroyables : un budget militaire non soumis au pouvoir législatif, un rôle de gardien de la constitutionnalité attribué à l'armée ! En fin de compte, la volonté ferme de conserver son immense pouvoir économique (20 % 40 % de l'activité ?), ses privilèges, ses secrets, en particulier les liens de ses dirigeants avec les américains ?

Assez curieusement les « *felloul* » (littéralement ceux qui sont en queue de la file, donc les « *restes* », les « *vestiges* »), ces anciens notables du système Moubarak se montrent et se présentent aux élections. Mais comme le souligne une journaliste d'El Ahram Hebdo autour d'un café à Zamalek, ceux qui agitent le spectre de ces revenants font le jeu des islamistes, et ceux qui dénoncent le péril islamiste roulent de fait pour les Moubarak.

Restent les autres. Comment les appeler ? Les « *révolutionnaires* », difficile vu l'absence de révolution. Les « *jeunes de Tahrir* » ? C'est réducteur, car ils ne sont, ni tous jeunes, ni tous présents sur une place qui doit aussi, comme tous les lieux d'agitation du monde, attirer provocateurs et voyous. Les « *démocrates* » ou les « *libéraux* » ? Ces expressions conviennent plus pour le caractère modéré de leurs revendications que pour les modes radicaux de leurs actions. « *Activiste* » mot à la mode qui a perdu son caractère péjoratif, mais qui reste marqué pour moi de façon négative comme au temps des activistes de l'Algérie française. C'est « *contestataires* » qui me convient le mieux, sans doute parce que ce qualificatif me rappelle la « contestation » de 68.

Des élections, démocratiques, sans les démocrates

Les contestataires sont dans une situation paradoxale. Ils se sont battus pour la démocratie. Ils l'ont payé cher, avec moins de victimes qu'en Lybie ou qu'en Syrie, mais tout de même plus de 600 morts. Ils ont obtenu le départ de Moubarak et l'organisation d'élections libres. Pourtant, ils vont bouder les élections. Des élections au scrutin complexe. Une pléthore de candidatures qui rendent le débat confus. L'absence, comme en Tunisie, de consensus entres les démocrates et l'absence de leader incontesté. Le sentiment que les islamistes vont être les gagnants des élections. La conviction que, plus que les urnes, ce sont les actions spectaculaires qui font reculer les militaires.

Ibrahim, mon fameux chauffeur-dirigeant local d'un parti démocrate, est aujourd'hui plus mobilisé par des nuits à Tahrir et la confection de fronde que par le vote du mardi 28. Toujours très sévère sur l'armée, il se réjouit qu'un tank ait à nouveau pris position à l'entrée de Maadi, le village de quelques centaines de milliers d'habitants où nous habitons. Je ne comprends pas tout.

Le rythme de la révolution

Le rythme de la révolution est, très particulier c'est un rythme à trois facettes. La révolution est rupture, innovation, invention, création. Mais ces innovations, surtout lorsqu'elles sont radicales, engendrent incertitude, ignorance, incompréhension, rumeurs, inquiétude, anxiété. Enfin la révolution piétine, elle est aussi, répétition, reproduction, réaction, retour en arrière, retour à la case départ, cycle, en un mot « révolution », au sens propre comme celle d'une roue qui tourne.

Sainte Catherine

La révolution dite du 25 janvier aboutissait, naturellement, vers des élections législatives et constituantes, tant attendues, lundi 28 novembre, dans trois jours. Les places se remplissaient de banderoles de propagande politique. Sur elles, beaucoup de « zbibas » marquent fièrement le front des hommes candidats.

Chaque liste doit comporter au moins une femme et Marguerite, de l'université, me fait remarquer, sur une liste salafiste, les photos de porteurs de grande barbe et une représentation de la femme de la liste sous forme d'un

dessin la symbolisant, de façon plus ou moins heureuse, par un soleil.

On attendait ces élections. Voilà que, depuis une semaine, se déchaine ce qui ressemble à une forme nouvelle de révolution. Vendredi dernier, le 18 novembre, on nous prédisait une grande nouvelle journée de mobilisation et il était conseillé de ne pas bouger ; rien ne s'est passé. Mais, le lendemain, le samedi 19, tout s'enflamme ; la Place se mobilise, des affrontements violents, des morts, aujourd'hui *le Monde* évoque l'agression sexuelle d'une journaliste française. Des morts de grenades lacrymogènes et de graves blessés par balles en caoutchouc. Les autorités égyptiennes, me dit mon voisin, attaché sécurité à l'ambassade, font tout ce qu'il ne faut pas faire en matière de sécurité, (envoyons Alliot-Marie !), parce qu'ils utilisent des armes dangereuses, balles en caoutchouc qui ne contiennent pas que du caoutchouc, lacrymogènes avec produits toxiques.

Ibrahim, mon chauffeur est toujours en première ligne ; son regard pétille lorsqu'il parle de la Place et de l'avenir. Il dort dans la voiture pendant les pauses et somnole quand il conduit sur la route de l'université ; je risque de devenir une victime collatérale de Tahrir. Des Français se mobilisent pour collecter des médicaments. Ibrahim est tout content que nous lui donnions nos masques de plongée.

Qu'est ce que la rue ? Les jeunes de Tahrir, actifs mais qui forment un groupe hétérogène du point de vue politique ; aussi des voyous, des casseurs dont certains sont sûrement en service commandé.

Pourtant, alors que se profile le scrutin, la rue, remontée contre le Conseil Suprême des Forces Armées, (CSFA) fait reculer l'armée. Le maréchal Tantaoui, fait une apparition à la télévision, véritable momie dans un uniforme fripé, la casquette sur la tête, le visage lugubre, fantôme d'un autre âge, et annonce de modestes concessions, un changement de gouvernement, une date d'élection présidentielle avancée de un an, un départ de l'armée, si les Égyptiens en manifestent le souhait par un référendum (qui n'est pas prévu !).

Dimanche, lors d'un dîner, l'ambassadeur et, mercredi au lycée français, son numéro 2, devant un parterre de Français inquiets, tiennent des discours lénifiants, sur la convergence des intérêts de tous ceux qui souhaitent le calme : l'armée, les islamistes, le gouvernement. C'est faire peu de cas, à mon sens, du sentiment de haine accumulé par une grande majorité des Égyptiens contre le CSFA et leur volonté d'en découdre. Hier, la directrice de l'Ecole Zeitoun au français et à la pensée impeccables : « *En écoutant Tantaoui on retrouve une copie conforme de Moubarak ; les Égyptiens aiment leur armée mais détestent le CSFA* ». Une de ses jeunes élèves, foncée de peau, toute menue, toute jolie, qui a demandé à faire une intervention politique dans la radio de l'école, me dit fermement « *Le peuple ne veut pas une démocratie partielle mais une démocratie totale* ». Magdi, professeur d'informatique de l'université montre comment la tête du CSFA est pourrie : le fils de Tantaoui, médecin, aurait monté une clinique avec du matériel récupéré du secteur public et déclaré inutilisable. J'ai du mal à reconnaître dans le maréchal, modeste, maladroit, qui semble sortir des actualités des années 60, un homme de la grande bourgeoisie moubarakienne.

Pourquoi, alors que le processus démocratique semble s'enclencher, s'ouvre cette crise politique ? Sans doute parce que le dispositif est très mal conçu : scrutin confus et multiple, beaucoup de dispositions faites à dessein pour permettre le retour des « felloul », les vestiges des partisans de Moubarak. Aussi parce que les démocrates n'attendent rien d'élections qui vont donner la part belle aux islamistes et aux fellouls. Comme le dit en s'esclaffant

Félix l'ambassadeur, ils sont dans la même position que les contestataires de 1968 (« *Elections, piège à cons* »), qui, sentaient que leur « révolution » aller faire émerger une chambre bleue horizon. Obtenir le maximum dans la rue avant les urnes.

Mais, soit le processus électoral est repris à la base, ce qui paraît peu probable, soit l'avenir est sombre. Espérons que la phrase de Bertrand Badie « *Je suis pour ma part convaincu que l'histoire moderne de l'homme politique trouve aujourd'hui sa fin* » ne concerne pas ces jeunes démocraties.

De la joie à la gueule de bois (vendredi 2 décembre)
Lundi 28 novembre, premier tour des législatives.

La veille, le dimanche, l'atmosphère est partout électrique, on sort de dix jours de contestation violemment réprimée en centre ville. Les « jeunes de Tahrir » ont joué le grand jeu avant ce jour fatidique. Eux qui se sont battus pour un régime démocratique, ils boudent une élection qu'ils savent perdue d'avance : le scrutin n'est pas organisé de façon juste, le vrai problème est celui du pouvoir du Conseil Suprême des Forces Armées. Mais ils sont au pied du mur.

Ce dimanche, les Égyptiens sont inquiets, nos étudiants veulent que l'on suspende les cours, non seulement lundi, mais aussi mardi. J'ai les parents au téléphone qui s'affolent.

Lundi, le soufflé est retombé, les élections se passent au mieux. La mobilisation intense des Égyptiens reflète leur soif de participation. Très mobilisés ils affluent dans les bureaux de vote, hommes, femmes en nombre, vieillards, infirmes. Les Égyptiens, d'ordinaire si impatients et toujours prêts à resquiller, attendent sagement leur tour. Yasmine assistante à l'université, six heures d'attente.

Mardi, je retrouve mes collègues, rayonnants, heureux, fiers d'une dignité retrouvée, reprenant le slogan du printemps « *Relève ta tête, tu es égyptien* ».Cette communion démocratique et nationale, cet acte solennel de citoyenneté fondateur d'une nouvelle Égypte me semble une libération, un soulagement, une véritable catharsis.

Mercredi, jeudi, les premiers résultats tombent. Après l'explosion de joie, la gueule de bois. Non seulement les Frères Musulmans font un excellent score, mais les salafistes font une percée inattendue[1]. On commence à entendre des histoires : tel a voté salafiste parce qu'on lui a offert un poulet, Réda dit que ces voisins la harcellent pour connaître son vote ; une chaine de télévision jette un anathème sur ceux qui ont voté pour des listes comprenant des chrétiens.

De multiples questions. Qu'est-ce que les islamistes vont faire de leur pouvoir ? La démocratie élective va-t-elle évincer la démocratie participative ? Ou bien, est-ce que les mobilisations, les associations citoyennes qui se sont développées, vont faire un contrepoids à des assemblées vert brun et poursuivre le travail en profondeur de démocratisation de la société ?

Bleus d'Égypte et rouge sang

Nuages et fraicheur, en cette fin décembre, pourtant Noël est encore moins présent que les autres années : peu de décorations, de sapins, de neige, de père Noël, certes décalés mais qui marquent un temps. Est-ce parce que les étrangers, chrétiens par essence, sont moins nombreux ? Est-ce parce que ceux qui lancent des croisades contre les

---

[1] Les observateurs avertis leur prédisaient 7-8%. Les salafistes annonçaient 15%. Ils ont été les premiers surpris avec leur 25% !

chrétiens ont maintenant barbe et pignon sur rue et, de surcroit, légitimité démocratique ?

Ibrahim, le chauffeur révolutionnaire, garde la tente igloo de son organisation politique - format Quechua Canal Saint Martin - dans le coffre, il évoque avec plaisir la fronde qu'il utilise place Tahrir et dort de plus en plus souvent au volant. Mais je n'ai pas vocation à devenir un martyr de la révolution. Trois accrochages en trois semaines, de nombreux spectacles d'accidents ; je n'arrive pas à m'habituer.

Succès islamiste et défaillance de l'État (10 déc. 11)

Le premier épisode des premières élections démocratiques égyptiennes donne les islamistes, les « Frères » (expression de plus en plus utilisée sans préciser « Musulmans » !) plus les salafistes[1], gagnants avec plus de 60% des voix et plus de 80% des sièges.

Pourquoi ? Parce que les démocrates n'ont pas su faire un front uni ? S'ils l'avaient fait, ils auraient eu de meilleurs résultats, mais ils n'auraient pas renversé la tendance. En fait, jamais, ou rarement, les révolutionnaires sont les gagnants des révolutions qu'ils ont initiées. Parce que les islamistes bénéficient des largesses des pays du Golfe ? Parce que les prêcheurs des mosquées sont les fers de lance de la propagande dans un pays très croyant, alors même qu'El Azhar se démène contre une instrumentalisation politique de la religion ? Parce que les islamistes ont acheté des voix des pauvres grâce à de petits cadeaux ? Tous ces facteurs entrent en ligne de compte mais ce n'est pas là l'explication profonde.

---

[1] Le parti salafiste « *El Nour* » est le mal nommé ; par antiphrase, ce mouvement obscurantiste s'est donné pour nom, « *El Nour* » la lumière. Les salafistes considèrent par exemple que les romans Naguib Mahfouz, prix Nobel de littérature, *"encourageaient le vice car ils portent sur la prostitution et la drogue"*.

Le succès des islamistes provient de ce que le régime de Moubarak, bien qu'affichant une lutte contre les islamistes, a fait le lit de leur victoire par une absence totale d'État : si l'État gendarme, (État policier et l'État militaire) réprime et contrôle, l'État- providence est totalement absent. Une grande majorité de la population sans éducation, en raison d'un enseignement public sinistré, sans moyens et cultivant, au mieux, le par cœur. Peut-il y avoir une démocratie sans des citoyens formés par l'école ? De plus, les vides immenses laissés par l'État dans la prise en charge de la santé et de la solidarité ont été occupés et, d'une certaine façon, heureusement occupés, par les œuvres caritatives des islamistes qui en recueillent aujourd'hui les fruits.

Bleus d'Égypte et rouge sang (20 décembre)
Une photo terrible. Une photo d'où émerge un bleu. Une photo sombre, sinistre où le gris domine. Des soldats ou des policiers agressifs tirant ou battant une femme dépoitraillée, son manteau ouvert, avec un jeans, avec un soutien-gorge, de couleur bleu, de couleur bleu d'Égypte. Un bleu égyptien. « *Le bleu égyptien est un pigment bleu, utilisé par les anciens Égyptiens à partir de la IVe dynastie, aussi connu sous le nom de fritte de bleu égyptien.* » Ce bleu, seule couleur vivante, seule tache de vie d'une vie blessée, dans un décor inhumain.

A la parution de cette photo, le pouvoir allume ses contre-feux. Ce serait une photo en fait prise au Maroc deux mois plus tôt ; mais le profane reconnaît nettement les hommes en armes de l'Égypte. Nouvelle version, c'est un photomontage. Le jour suivant le film, encore plus violent que la photo apporte un démenti cruel : le groupe d'hommes empoigne la femme qui porte un manteau long. Son buste est dévoilé, elle est trainée inerte, bourrée de coups sur la tête et la poitrine. Spectacle insupportable.

Devant cette vérité éclatante et horrible, un officier vient expliquer à la télévision que le comportement des militaires s'explique par le contexte de stress. D'honnêtes citoyens affirment froidement que cette femme ne portant rien sous son manteau ne peut être qu'une pute qui mérite son châtiment.

Les urnes continuent de parler ; le peuple se prononce toujours dans le même sens. Enorme majorité pour les islamistes. Les démocrates sont écrasés. Le processus électoral est inachevé mais, de toute part, on veut compenser le vote. Du côté de l'armée, le conseil suprême des forces armées craint un pouvoir qui lui échappe. C'est surtout l'action désespérée de la place Tahrir. Les révolutionnaires, qui se sont battus pour la démocratie, sont battus dans le processus démocratique. L'armée, dont ils avaient salué l'intervention, est aujourd'hui leur bête noire. Sa volonté de garder son pouvoir économique se double aujourd'hui d'une image répressive hideuse. Tahrir luttait pour la démocratie ; aujourd'hui Tahrir se bat pour la justice. Mais avec quelles armes ? Le parlement leur échappe. Reste la rue, reste la Place. Rue dangereuse et piégée par les voyous et les provocateurs.

Conférence d'Alaa El Aswani. La salle du centre culturel est pleine à craquer. L'écrivain mondialement connu, jeune révolutionnaire de plus de cinquante ans, nous partager sa foi, son enthousiasme et son optimisme. Il s'insurge contre des élections truquées, voix achetées, propagande illégale, flot d'argent du Golfe. Il se moque de l'application éventuelle de la charia : un musulman et un copte ayant commis un vol seraient condamnés l'un à la main coupée l'autre à la prison ! Je ne suis pas toujours son raisonnement et trouve qu'il minimise le sens du succès électoral de l'Islam politique (il préfère cette expression à celle d' « islamiste ») qui s'explique aussi par l'inéducation du peuple et la pénétration en profondeur des islamistes dans les interstices d'une société sans État.

Pourquoi cette démocratie électorale a-t-elle un goût si amer ? Parce que le cérémonial démocratique se déroule alors que règne la répression arbitraire de l'armée ? Parce que le scrutin a été entaché d'irrégularités ? Parce que la démocratie se construit plus sur des citoyens que sur des urnes ? Parce que le parlement n'est ni le seul ni le meilleur moyen pour le peuple de s'exprimer ?

Le choc de la vue du pare-choc
Sur la route de l'université, qui, pourtant, offre, chaque jour, des spectacles et des bruits surprenants, une musique insolite éveille mon attention et me sort de la torpeur de ce matin de décembre, brumeux et poisseux. C'est le pare-choc d'une voiture sur la file de droite. Détaché d'un côté, plié de l'autre et relié à la voiture par une articulation fragile, il sautille sur la chaussée et frotte le macadam. Pourquoi la conductrice, jeune et plutôt élégante, semble-t-elle ne pas s'en soucier ? Elle roule à vive allure. Le morceau de pare-choc danse de gauche à droite autour de son maigre pivot. Pourquoi reste-t-elle impassible ? Cela doit pourtant faire un bruit d'enfer dans la voiture. La conductrice slalome. Je regarde de plus près. L'arrière de la voiture est enfoncé ; elle vient juste d'avoir l'accident. Elle ne peut ignorer l'état de sa voiture. Je ne parviens pas à détacher mon regard. Elle, elle regarde devant elle, imperturbable. Le morceau va-t-il se détacher ? La voiture vient sur notre file. La chose va-t-elle se jeter sur notre auto ? Sur notre pare-brise ? Sous nos roues ? Maintenant, la pièce a choisi de se plier sur la droite et déborde la voiture, telle une herse. Les autres conducteurs font comme si rien n'était, semblant ignorer l'engin et le danger. Suis-je le seul à voir ? Suis-je prisonnier d'un mirage ? L'objet danse maintenant de bas en haut. Suis-je le seul, conscient,

à prendre la mesure du danger ? Ou bien suis-je le seul à méconnaître la robustesse du lien qui relie le maudit appendice au reste de la voiture. Sur ma demande et à contre-cœur, mon chauffeur ralentit et change de file pour s'éloigner de la trajectoire possible de l'objet. Je les vois de loin, la voiture et la conductrice, au milieu d'un groupe de voitures. Si le pare-choc se détache, serons-nous prisonniers du carambolage ? Mais je perds de vue la voiture, la femme et le pare-choc. Nous quittons la Ring-road pour la route de Suez. Ils disparaissent. Je reste sous le choc de ce spectacle fascinant et effrayant ; sous le choc, mais aussi, en quelque sorte, frustré.

Castes et stratagèmes

Le pays des pharaons et des baouabs est fondamentalement une société de castes. Une de nos amies, Hola, qui se fait appeler « Docteur Hola » par son baouab et sa femme de ménage et qui ne veut pas que celle-ci mange pendant les heures de travail, c'est-à-dire toute la journée, nous avait emprunté de la vaisselle et la rendre lui semblait un grand problème. Prisonnière de son propre dilemme, elle ne voulait ni s'abaisser à porter elle-même la vaisselle ni demander ouvertement le concours de notre femme de ménage. Tendant la perche à Mahnaz, elle se contente de lui dire « *J'emmène la vaisselle en voiture en bas de chez vous* », mais Mahnaz, censée comprendre et mobiliser la *housekeeper*, ignore la perche tendue.

La femme de ménage, informée du stratagème, explique la situation par une histoire populaire qui tend à montrer que les riches sont hypocrites et inventent des subterfuges : « *Un riche déchu et affamé interpelle une femme de ménage à sa fenêtre*
- « *Envoie-moi une aiguille !* »
- « *Mais si je t'envoie une aiguille par la fenêtre, jamais tu ne la retrouveras !*» *réplique la femme.*

- « *Alors enveloppe là dans un morceau de pain* » ! »

Cet homme riche et orgueilleux n'ose pas demander un morceau de pain et invente un artifice pour ne pas perdre la face.

Belle semaine en perspective

Le 25 janvier, premier anniversaire de la révolution. Journée de fête ? De deuil et de recueillement ? De pressions politiques ? De démonstrations de force ? De chaos ?

Que vont faire les révolutionnaires, démocrates et libéraux ? Un baroud d'honneur ? Une pression pour que l'esprit de leur révolution ne soit pas étouffé par un coup d'état ? Vont-ils réussir à ne pas étaler leurs divergences ? À ne pas se faire noyer par les islamistes, ni noyauter par les provocateurs et les voyous ?

Que vont faire les Frères musulmans et les cousins salafistes ? Un hold-up de la révolution ? Montrer qu'ils ne sont pas seulement forts dans les urnes mais aussi dans les rues ? Museler les révolutionnaires ?

Que va faire l'armée ? Montrer, une fois de plus, qu'elle est l'incarnation brutale de l'ancien régime, plus soucieuse de garder secrets et privilèges que de sauvegarder la révolution ?

Demain

Demain, le 23 janvier, Conseil de surveillance de l'université. À l'ordre du jour, un nouveau président du Conseil de surveillance. Il y a un an, après le décès d'Ahmed Maher, ancien ministre des Affaires étrangères, on avait élu Badr, parti prématurément « se faire soigner à l'étranger ». Il fait durer la cure de crainte que la curée dure.

On va élire un nouveau président, sans doute un Ali, frère de Ahmed, lui aussi diplomate et brillant francophone. Un autre point que l'ambassadeur a fait mettre à l'ordre du jour, au grand dam de notre pharaon : le choix d'un nouveau président de l'université. Le plan concocté par le Conseiller-Ange-Exterminateur et avalisé par l'ambassadeur, Félix le Grand Félin peut-il échouer ? Ne risque-t-on pas de voir le chœur des patrons jésuitiens demander d'une seule voix que notre cher pharaon en reprenne une tranche ? Allons nous tourner la page de l'omni-président bling-bling plus dans le paraître osmanien que dans l'être et dans le faire ? Aurai-je l'espoir de derniers mois sereins et productifs à l'UFE ?

Historique conseil de surveillance (23 janvier)

En bout de table, côte à côte, l'ambassadeur, Félix le Grand Félin, et le Président-Pharaon, au teint cireux des mauvais jours mais, ce jour-là, plus sombre que jamais. La fierté osmanienne a fondu. Peu de participants. En prélude de la corrida, on aborde le budget, les patrons de Carrefour et d'Alcatel, Vincenzo, qui ressemble de plus en plus à un énorme personnage d'un film de Dino Risi, jouent les picadors et titillent le Pharaon. Les choses semblent bien emmanchées. Après la nomination consensuelle et unanime du président du conseil de surveillance, vient, enfin, la question de la présidence de l'université. D'une petite voix, invoquant son âge et son désir de s'occuper de sa famille, notre Pharaon dit qu'il ne demande pas un renouvellement de son mandat. Immédiatement Ashraf, patron égyptien, fidèle de nos réunions, prend, dit-il, la parole au nom des Égyptiens, plus précisément des jésuitiens. Bien que j'aie anticipé cet épisode et aie décrit au conseiller très précisément le sketch, je reçois son discours comme un coup de couteau. Au nom des patrons égyptiens, il propose que le mandat du Pharaon soit reconduit. Stupeur et consternation dans le camp français. Le Conseiller prend sa tête d'ange innocent, plus du tout ange-exterminateur, le Grand Félin semble planer. De façon habile et perfide,

Ashraf battant sa coulpe, plutôt une coulpe collective, demande au président sortant s'il renonce à se présenter pour des raisons personnelles ou bien parce qu'il n'a pas été assez soutenu. Rompant un silence lourd, le Pharaon, d'habitude prolixe et gueulard, dit d'une voix sobre et douce « *Un peu des deux* ». La petite assemblée retient son souffle. On sent le Pharaon vaciller. Le revirement est complet, l'affaire semble pliée. C'est alors que le Grand Félin, nous fait une démonstration de son habilité. « *Il y a deux solutions* ». C'est une manie chez lui, il commence toujours ses propos en annonçant le nombre de solutions, sans savoir exactement le contenu des solutions qu'il va décliner. Avec mon esprit simple, j'anticipe les deux solutions : soit le Pharaon renonce, soit il ne renonce pas. Que nenni ! L'alternative du Grand Félin est bien plus subtile et perfide : soit le Pharaon renonce tout de suite, soit il a un délai de quelques semaines pour dire s'il renonce. Le Pharaon semble hésiter dans des secondes qui me paraissaient interminables, et finit par dire qu'il renonce. Dès la victoire acquise, le grand matou couvre de louanges celui qu'il venait de pousser dehors et promet un dîner à la Résidence avec famille et amis, c'est-à-dire, nous, bien sûr. Je me surprends à être le premier à applaudir, suivi d'une salve fervente et libérée. Un peu plombé par mon silence éloquent quand certains demandaient sa reconduction, je le rejoins pour un dîner avec des convives extérieurs au conseil de surveillance. Mais le vin et l'affection, chers au Pharaon, ont le dernier mot et nous nous retrouvons, complices et bavards.

Une plaque en argent à la remise

La « première dame », expression plus révérencieuse que Suzanne Moubarak, n'est pas venue à l'université. L'histoire remonte à l'été 2010. Curieusement, l'initiative en revient à la doyenne, copte, s'affichant « nassérienne », très critique à l'égard du pouvoir, mais qui avait été, néanmoins - ou par voie de conséquence - sénatrice-nommée puis membre du Conseil des femmes, instance constituée par, et autour de, Suzanne Moubarak. A ce titre, la doyenne, en voyage avec la première dame en Tunisie, lui narre les exploits de nos étudiants de SIFE, et la convainc de visiter notre université ; une date début décembre 2010 est décidée. Branle-bas de combat, du pharaon aux plantons, en passant par les professeurs, les étudiants et les administratifs, tous sont honorés, mobilisés, excités, par l'évènement et rivalisent d'enthousiasme. Le bâtiment est, de fond en comble, nettoyé, briqué, astiqué ; une vitrine pleine des trophées de nos étudiants est installée ; une plaque en argent est gravée en l'honneur de l'illustre visiteuse. Malheur aux esprits malveillants. Un étudiant, qui avait eu le mauvais goût de photographier certains coins de l'université « avant » et « après » la grande lessive, est menacé d'être livré à la « Sécurité » s'il ne détruit pas son film.

Trois jours avant l'évènement tant attendu, la première dame se décommande et reporte le rendez-vous au début février.

Survient la révolution de janvier, elle ne viendra jamais ; le plateau en argent gravé est à la cave, rejoignant sans doute la collection de photos de la poignée de main historique entre Chirac et Moubarak lors de la création de l'université.

A la réouverture de l'université, personne, du pharaon aux plantons, en passant par les professeurs, les étudiants et les administratifs, n'a de dents assez dures à l'égard de Moubarak, de son clan, de sa famille, de son épouse, qui s'était fait une cagnotte personnelle avec l'argent de la Bibliotheca alexandrina.

L'opportunisme n'a ni limite ni frontière. Me revient l'histoire de l'homme, qui, visitant une petite bourgade française après la deuxième guerre mondiale, s'étonne : « *Il n'y a que 1000 habitants ? Comme 1000 avaient acclamé Pétain et 1000 avaient acclamé De Gaulle, je croyais qu'il y en avait 2000 !* ».

Que devient notre étudiant photographe indiscret qui, ayant démontré la complaisance collective à l'égard du pouvoir désormais honni, aurait pu être considéré comme un héros éclairé et courageux ? Lors de la première assemblée générale post-révolutionnaire, lorsqu'il revient sur l'incident et la menace d'être livré à la Sécurité, il est discrètement et fermement sorti de l'amphi.

Réunion de nos amis (9 février 2012)

Dans le froid glacial de Paris au mois de février, réunion de l'association des « Amis de l'Université ». Toujours surprenant de se trouver dans les locaux somptueux de la Compagnie de Suez, de gravir l'escalier majestueux dont le mur de pierre est gravé d'un hommage à Ferdinand de Lesseps, de retrouver un aréopage de chefs d'entreprise, ambassadeurs, présidents d'université, illustre écrivain, pour parler de ma petite université, située sur la route de Suez et aujourd'hui prise dans la tourmente de la révolution. Les acteurs locaux de l'université, nous sommes tous là, l'Ambassadeur, (le Grand Félin), le Conseiller, (l'Ange Exterminateur), le président, (le Pharaon), et moi-même, et c'est pour chacun d'entre nous la dernière réunion des Amis à laquelle nous participons. L'ambassadeur brosse, dans un exposé magistral, la situation égyptienne actuelle. Il dissèque brillamment les différentes étapes du déroulement du processus politique, le résultat des élections, le calendrier à venir, le rapport de force entre les islamistes - frères musulmans et salafistes -, et le Conseil Suprême des Forces Armées et évoque une situation sécuritaire qui se dégrade. Des questions et des compléments sur la situation économique inquiétante et la politique étrangère qui devrait être plus difficile pour « nous », les occidentaux. De retour au Caire, je ressens le décalage entre ce discours qui s'intéresse au sommet de l'État et une réalité bouillonnante : nos étudiants, comme une grande partie de la jeunesse qui célèbre à sa manière le premier anniversaire de la révolution, sont les grands absents du discours du diplomate.

Débats constitutionnels

J'avais sous-estimé l'importance des débats sur la constitution. Pourtant, quoi de plus naturel dans un pays qui forge de nouvelles institutions au sortir d'un long tunnel de dictature ?

Comment constituer la constituante ? Les islamistes, Frères et salafistes, grands gagnants des élections, veulent donner la part belle aux assemblées. Le Conseil suprême des forces armées, détenteur des attributs chef de l'État, veille à protéger ses privilèges et l'opacité qui entoure les activités de l'armée. D'autres voix s'élèvent pour réclamer une meilleure représentativité de l'instance constituante avec une représentation des chrétiens, des démocrates.

Quand ? Nouvelle alternative : la constitution d'abord ou l'élection du président d'abord ? Le bon sens voudrait que l'on élise un président dont on connaît l'étendue des pouvoirs. Mais les Égyptiens sont coincés entre l'urgence de transférer le pouvoir des militaires au civil et la nécessité de prendre du temps pour bâtir une nouvelle constitution.

Quels pouvoirs pour le président ? Tous les Égyptiens, marqués par les mauvais souvenirs laissés par les pharaons, souhaitent limiter le pouvoir présidentiel, ce qui n'est pour déplaire aux islamistes qui détiennent une large majorité dans les chambres. Mais un président légitimé par le suffrage universel peut-il se cantonner à inaugurer les chrysanthèmes ?

Quel État ? Si la notion d'État laïc est bannie parce « laïc » est synonyme de « athée » ce qui est, ici, monstrueux, un État civil est ambigu, parce que « civil » peut s'opposer, soit à militaire, soit à religieux. De plus, on retrouve le débat récurrent sur la charia, s'agit il des principes de la charia ou bien de la lettre de la charia ?

Points d'actualité

Qui va être candidat à la présidentielle ? Qui va l'emporter ? On parle beaucoup de candidat « consensus ». Entre qui et qui ? Les militaires, qui ne peuvent décemment présenter un des leurs mais ne veulent pas avoir un président hostile ont des convergences avec les Frères qui, paraît-il, jouent le coup d'après mais ne veulent pas se montrer trop forts[1]. Le consensus entre les deux forces principales rassure l'occident, friand de stabilité, mais ne fait pas l'affaire des salafistes, ni de tous ceux qui, à l'opposé de l'échiquier politique, pensent que l'armée est l'expression la plus forte de l'ancien régime.

Comment va l'économie ? Les réserves de change s'épuisent, le pays va avoir de plus en plus de mal à importer. Il est tributaire de bailleurs de fonds extérieurs. Les dirigeants sont contraints de s'en prendre aux ONG étrangères, par devant, pour donner le change à une opinion publique nationaliste et, par derrière, donner des gages à l'occident. Mais la situation sociale est explosive : hausse du chômage, inflation, perspectives de pénuries, déficit budgétaire gigantesque. Comment ce pays qui craquait dans les émeutes de la faim en 2008 alors qu'il y avait 8% de croissance et un système Moubarak qui les muselait, pourra-t-il supporter une stagnation de l'économie ou

---

[1] Cette analyse a été démentie, l'Armée a présenté un des siens Chafik et les Frères ont abandonné l'idée de ne pas participer en présentant Morsi. Ils sont présents tous les deux au deuxième tour.

moment même où il a appris à ne plus avoir peur et à ne plus se taire ?

La barbe et le nez. *Coquetteries des extrémistes*

Al Ahram-hebdo début mars, dans un article intitulé « *Barbe, quand tu nous tiens* » évoque le « *tapage médiatique* » autour de la revendication des policiers de porter la barbe au moment même où ils « *se font rares dans la rue* ». Pour certains, la barbe est une simple coutume, pour d'autres une obligation religieuse. Le cheik Youssef Al-Badri pousse le bouchon encore plus loin en montrant la convergence de la religion et des nécessités du service : « *La barbe est une sunna du prophète qu'il faut respecter ; la barbe va l'aider à maintenir la sécurité car elle donne à l'officier un air sérieux* ». Le journal évoque aussi « *un officier qui, à quelques jours de sa promotion au grade de général, n'a pas eu peur d'afficher sa barbe au nez et à la barbe des responsables du ministère* ». Mais on est rassuré de savoir qu'il en reste pour penser que cette campagne autour de la barbe est une manière d'esquiver les problèmes réels.

Le Monde se fait l'écho d'un autre fait d'arme des salafistes qui montre que l'on peut appartenir au parti islamiste le plus radical, violer ses propres principes religieux, inventer un énorme mensonge, tout cela pour cacher une coquetterie. « *En pleine vague d'attaques visant des personnalités politiques, Anouar Al-Balqimi avait prétendu avoir été lui-même victime d'une agression. De son lit d'hôpital, le visage barré d'un énorme bandage, il avait affirmé aux journalistes avoir été passé à tabac par des hommes masqués et armés qui lui avaient extorqué en outre 100 000 livres (12 500 euros). De nombreux députés s'étaient bousculés à sa porte pour lui assurer un soutien moral. Le président du Parlement avait mis en demeure le ministre de l'intérieur de réagir avant d'apprendre à la consternation générale qu'il s'était, en réalité, fait refaire le nez dans une clinique du Caire, intervention considérée par les salafistes comme un péché.* »

Présidentielles

Le premier tour des élections a crée une surprise. Le candidat des Frères musulmans, Morsi, décrit par tous comme peu médiatique, peu compétent et plutôt marionnette, est arrivé en tête, ce qui inquiète beaucoup ; mais il est remarquable qu'entre les législatives et les présidentielles, les Frères aient perdu 50% de leur voix. Sans doute parce que les députés Frères n'ont rien fait d'autre que de discuter du statut des personnes alors que l'attente économique et sociale des Égyptiens est forte. La deuxième surprise c'est que Chafiq, proche de l'armée et dernier premier ministre de Moubarak, est arrivé second et qui va affronter Morsi. La troisième surprise c'est Hamdine Sabahi, homme de gauche dont le score est très proche de deux premiers et qui a été porté par les activistes et le peuple : presque tous ceux que j'ai rencontrés ont voté pour lui ou disent avoir voté pour lui ; mais mon échantillon est peu représentatif ! Deux favoris sont dans les choux, Amr Moussa, ancien ministre des affaires étrangères et ancien secrétaire général de la Ligue arabe, et Abdel Aboul Fotouh, personnage complexe, ancien Frère, malin et soutenu par les salafistes.

Sadate et Moubarak se positionnaient comme alternative aux islamistes, ce qui ne les empêchait pas de les aider à prospérer. Tout ça pour ça, arriver au deuxième tour face à l'alternative du sabre et du goupillon. Les libéraux-démocrates-révolutionnaires sont absents ; certes au premier tour, ils ont fait figure honorable mais, au deuxième, ils sont partagés entre FM, ancien régime et abstention et ne pèsent pas sur le scrutin.

Tous ceux que je rencontre sont très inquiets face à la perspective de voir les Frères cumuler tous les pouvoirs sans garantie de retour en arrière. Beaucoup sont furieux d'avoir à choisir au deuxième tour entre la peste et le choléra, entre le pouvoir religieux et le pouvoir militaire, entre la république islamique et le retour des « vestiges » de Moubarak, entre deux personnages qui se réclament d'une révolution qu'ils n'ont ni voulue ni soutenue.

Leur comportement électoral éclate : certains préfèrent s'abstenir, même s'ils se sont battus pour obtenir un vrai droit de vote. D'autres découvrent la règle de la présidentielle à deux tours : « *au premier tour, on choisit, au deuxième tour, on élimine* » ; certains votent Frères musulmans contre les « fellouls » et le retour de l'ancien régime ; d'autres préfèrent Chafik aux islamistes. Je rencontre même deux démocrates qui tiennent un raisonnement scabreux : il faut que les masques tombent et que les Frères, qui ont commencé à dégringoler dans l'opinion, soient définitivement discrédités par leur pratique du pouvoir ; pour ce faire, il faut qu'ils soient élus et nos démocrates vont voter pour lui. Je ne suis pas spécialiste mais voter pour un président pour qu'il échoue me parait très risqué.

Beaucoup pensent que Morsi, qui a contre lui l'armée, les chrétiens, beaucoup de femmes et de nombreux démocrates, va perdre. Je ne partage pas ce - tout relatif - optimisme. Plus fondamentalement, je suis très surpris par la volatilité du vote des Égyptiens qui, à quelques mois d'intervalle, sont passés de trois quarts de votes islamistes à un tiers. Cela prouve que le champ politique est peu structuré mais aussi que le peuple est vigilant et susceptible de retirer la confiance à ceux à qui il l'a donnée.. à condition qu'on lui en laisse la possibilité !

Université

A l'université un nouveau président, un « président normal », qui travaille autour d'une table, qui écoute, qui a des idées, qui décide ; amical, mais il ne joue pas sur l'affectif. La réplique préférée de l'ancien président était « *Ce n'est pas seulement ça* » soulignant l'incomplétude de la pensée de l'interlocuteur et sa propre supériorité intellectuelle ; le nouveau répond invariablement « *Exactement* » quand ce n'est pas « *Je suis tout à fait d'accord avec vous* », valorisant la perspicacité de l'autre et la convergence des opinions.

Les projets de l'université émergent enfin. Contaminé par le fatalisme égyptien, j'ai l'impression d'être aussi peu responsable de ces réussites que je ne l'étais des échecs.

Tout ça pour ça

Ce jeudi 24 juin où les résultats du deuxième tour des élections présidentielles doivent être proclamés. Les derniers pronostics donnaient Chafik, ancien ministre de Moubarak, vainqueur : des mesures de sécurité étaient prises, comme si les Frères Musulmans, qui n'avaient cessé de monter leurs gros bras, allaient réagir à des résultats défavorables.

Mais cet après-midi, on aurait dû deviner, à l'atmosphère ambiante, que c'était Morsi, le Frère musulman, qui avait gagné l'élection présidentielle. En effet, cela ressemblait à un jour de Ramadan : après les bousculades nerveuses sur la route, la ville s'arrête, silencieuse, uniquement branchée sur la radio écoutant le juge en charge des élections qui semble psalmodier ; et puis c'est l'explosion de joie, la moitié de l'explosion de joie, de la population, comme une rupture de jeûne.

On vient d'apprendre la victoire de Morsi. Je suppose mes amis très hostiles aux Frères Musulmans, atteints. Leur tristesse m'envahit ; celle de la doyenne, soufiste, qui m'a dit aujourd'hui dans un grand sourire qu'elle était confiante, le président de l'université qui s'insurge contre ceux qui veulent absolument lui trouver la voie vers le paradis contre son gré, Asmaa libérale mais aussi Sara, Heba et Rania qui sont voilées, tous disent abhorrer les frères musulmans, Ibrahim le chauffeur démocrate de la première heure à l'itinéraire sinueux mais qui considère aujourd'hui que le salut contre les FM, c'est l'armée. Même Réda, opposée aux Frères Musulmans, ironise sur la charia : couper les mains des voleurs ? En Égypte il y a beaucoup de pauvres, ils volent et les riches aussi, on ne peut pas couper la main à tout le monde.

Les meilleurs ennemis
Tout çà pour çà.

Début 2011, la population se mobilise contre le régime Moubarak, des jeunes meurent pour la démocratie.

Un an et demi et quelques scrutins plus tard, la démocratie reste balbutiante. Un référendum où le peuple était fier de voter pour la première fois mais où la question mal posée, contraint les contestataires à voter « non », les marginalise ; ensuite le pouvoir exécutif fait l'inverse de ce qui a été voté.

Elections législatives ; victoire massive des islamistes de tous poils, mais quelques mois plus tard, des juges, sans être désavoués par l'armée, annulent les élections. La constitution n'est toujours pas votée mais les constituantes successives sur lesquels les Frères Musulmans essaient de mettre la main n'arrêtent pas d'être remplacées.

Les élections présidentielles ont enfin lieu, sans que l'on sache quels seront les pouvoirs et le statut du président.

Tout ça pour ça. On retrouve le tête à tête entre l'armée et les Frères musulmans.

Chacun est, pour l'autre, son meilleur ennemi.

Epilogue

Quatre ans de questions essentielles, de questionnements existentiels. Arriverai-je entier sur cette route de fous à l'université qui est, à Pétaouchnock, selon l'expression de S.E. Félix le Grand Félin, ambassadeur de France ? Y-a-t-il un espace pour le vice-président que je suis à l'ombre du pharaon omni-compétent qui nous gouverne ? Revient-il au Ministère des Affaires étrangères de mener une politique universitaire ? Surtout, l'Université française d'Égypte existe-t-elle ? Créée à l'initiative d'un président français, Jacques Chirac et d'un président égyptien dont le nom est « honni », l'université a peu de bases matérielles, pas de foncier dont elle serait propriétaire ou locataire, pas de véritables campus, peu d'étudiants et peu d'enseignants et, pendant longtemps, des équipements modestes. Mais la force de son existence est ailleurs, elle est immatérielle, elle est symbolique, elle réside dans la foi de la minorité francophone, fondateurs, étudiants, familles, professeurs et aussi dans l'engagement, raisonné mais risqué, de l'ambassade de France.

Quatre ans d'immersion dans une réalité égyptienne, loin des bulles microcosmiques françaises où les compatriotes partagent un repas, un morceau de viande rouge, un verre de vin ou un demi. Plongée dans un milieu, chaleureux, affectueux, gourmand et avide de communication, en français, avec le français, proche mais assez lointain pour que l'on se confie l'étranger. Dans une période historique où les questions politiques fondamentales se posent.

France Égypte

Je quitte ce plat pays où les hommes s'agglutinent, souvent dans une forte promiscuité, autour de l'immense oasis fertile qu'est le Nil.

Je vais retrouver la France. Verte. Le relief. Le Lot, au milieu d'une nature végétale et sauvage, où les nuages ne sont pas en transit, où les pluies font ruisseaux, rivières et fleuves. Un pays où le sable, lui, est confiné sur les plages et dans les jardins publics. L'eau, l'eau sous toutes ses formes. L'abondance végétale sauvage.

Je quitte ce pays où la pénurie des ressources, en eau, en énergie, voisine avec une abondance, souvent illusoire. Même le temps semble sans limite. Retour dans un pays développé ; réapprendre à économiser, économiser l'eau, l'électricité, l'essence. Economiser le temps. Economiser son temps, le temps des autres.

Les voitures, mon obsession, en France, semblables, petites, lisses, policées, impeccables, roulent vite, imperturbables, sûres de leurs droits, indifférentes aux autres, protégées par des règles.

Elles n'ont pas ..

..l'humanité des voitures égyptiennes ..

..diverses, cabossées, rayées, fébriles, nerveuses, inquiètes..

..soumises aux caprices des hommes..

.. et à la volonté divine..

…. en un mot, folles.

Le Caire, août 2012

L'Égypte aux éditions L'Harmattan

Dernières parutions

UNE SOCIÉTÉ EN QUÊTE D'AVENIR
Égypte, an 2 de la révolution
Lavergne Marc
Derrière la revendication démocratique largement partagée, quels sont les défis qui se posent à la société égyptienne et qui expliquent sa mobilisation ? Face à la forme prise par la scène politique égyptienne, avec l'émergence de nouveaux acteurs dominants prônant des ruptures radicales, il est temps de se pencher sur les maux de l'Égypte, sur les conditions de vie de sa population, sur sa capacité à engager le redressement espéré.
(Coll. Bibliothèque de l'iReMMO, 10.00 euros, 154 p.)
ISBN : 978-2-296-99430-0, ISBN EBOOK : 978-2-296-50701-2

ÉMERGENCE (L') D'UNE NOUVELLE SCÈNE POLITIQUE
Égypte, an 2 de la révolution
Lavergne Marc
Après une mise en perspective de la révolution égyptienne, un an après son déclenchement, cet ouvrage, fruit de la collaboration de chercheurs venus d'horizons divers, s'interroge sur l'évolution du pays. L'irruption de l'islam politique au pouvoir inquiète et la crise économique aggravée par la fuite des capitaux et le marasme touristique ravivent les tensions. Ces témoignages sont une précieuse tentative d'analyse à chaud de cette nouvelle scène politique qui émerge en Égypte.
(Coll. Bibliothèque de l'iReMMO, 10.00 euros, 116 p.)
ISBN : 978-2-296-99429-4, ISBN EBOOK : 978-2-296-50602-2

L'HARMATTAN, ITALIA
Via Degli Artisti 15; 10124 Torino

L'HARMATTAN HONGRIE
Könyvesbolt ; Kossuth L. u. 14-16
1053 Budapest

ESPACE L'HARMATTAN KINSHASA
Faculté des Sciences sociales,
politiques et administratives
BP243, KIN XI
Université de Kinshasa

L'HARMATTAN CONGO
67, av. E. P. Lumumba
Bât. – Congo Pharmacie (Bib. Nat.)
BP2874 Brazzaville
harmattan.congo@yahoo.fr

L'HARMATTAN GUINÉE
Almamya Rue KA 028, en face du restaurant Le Cèdre
OKB agency BP 3470 Conakry
(00224) 60 20 85 08
harmattanguinee@yahoo.fr

L'HARMATTAN CAMEROUN
BP 11486
Face à la SNI, immeuble Don Bosco
Yaoundé
(00237) 99 76 61 66
harmattancam@yahoo.fr

L'HARMATTAN CÔTE D'IVOIRE
Résidence Karl / cité des arts
Abidjan-Cocody 03 BP 1588 Abidjan 03
(00225) 05 77 87 31
etien_nda@yahoo.fr

L'HARMATTAN MAURITANIE
Espace El Kettab du livre francophone
N° 472 avenue du Palais des Congrès
BP 316 Nouakchott
(00222) 63 25 980

L'HARMATTAN SÉNÉGAL
« Villa Rose », rue de Diourbel X G, Point E
BP 45034 Dakar FANN
(00221) 33 825 98 58 / 77 242 25 08
senharmattan@gmail.com

L'HARMATTAN TOGO
1771, Bd du 13 janvier
BP 414 Lomé
Tél : 00 228 2201792
gerry@taama.net

Achevé d'imprimer par Corlet Numérique - 14110 Condé-sur-Noireau
N° d'Imprimeur : 99006 - Dépôt légal : juin 2013 - *Imprimé en France*